2023年度浙江省社会科学界联合会社科普及课题（23KPD08YB）研究成果

崔 雨 ◎ 著

宁波宋韵文化史话

华中科技大学出版社
http://press.hust.edu.cn
中国·武汉

内 容 简 介

"四明八百里,物色甲东南。"本书试图在文化学语境下研究宁波作为典型宋韵文化城市的民俗表现,从全域宏观到句里微观,还原宋代宁波生活百态图景,展示多元包容、百工竞巧、追求卓越、风雅精致的宋韵文化气象。全书分"水韵之城:面向大海的江南都市""志士仁臣:致君尧舜的新士大夫""东南邹鲁:新时空中的儒学教育""雅俗交融:精致审美的生活艺术""精工巧作:百世流芳的大匠智造""俗世繁华:烟火市井的多元社会"六章,每章由诗话导言、历史回眸、时代价值三部分组成。部分历史回眸后附有小贴士、延伸阅读、链接等,以方便读者全方位、立体式地了解宁波宋韵文化。

图书在版编目(CIP)数据

宁波宋韵文化史话/崔雨著 . —武汉:华中科技大学出版社,2023.10
ISBN 978-7-5680-9937-0

Ⅰ. ① 宁… Ⅱ. ① 崔… Ⅲ. ① 文化史-宁波-宋代 Ⅳ. ① K295.53

中国国家版本馆 CIP 数据核字(2023)第 164007 号

宁波宋韵文化史话 崔 雨 著
Ningbo Songyun Wenhua Shihua

策划编辑:张馨芳
责任编辑:唐梦琦
封面题字:张林辉
封面设计:原色设计
版式设计:赵慧萍
责任校对:余晓亮
责任监印:周治超

出版发行:华中科技大学出版社(中国·武汉) 电话:(027)81321913
     武汉市东湖新技术开发区华工科技园 邮编:430223
录 排:华中科技大学出版社美编室
印 刷:湖北金港彩印有限公司
开 本:710mm×1000mm 1/16
印 张:15.75 插页:2
字 数:250千字
版 次:2023 年 10 月第 1 版第 1 次印刷
定 价:98.00 元

本书若有印装质量问题,请向出版社营销中心调换
全国免费服务热线:400-6679-118 竭诚为您服务
版权所有 侵权必究

——谨以此书献给热爱宋韵文化和正在打开此书走进宋韵文化的朋友们——

这些话，写在前面．

江南忆，最忆是杭州。

2015年，习近平总书记在二十国集团领导人第十次峰会工作午宴上关于中国主办2016年峰会的发言中说：

"中国有句俗语，上有天堂，下有苏杭。意思是说，杭州和苏州风景如画，堪称人间天堂。杭州是历史文化名城，也是创新活力之城，相信2016年峰会将给大家呈现一种历史和现实交汇的独特韵味。"

"韵"，最早见于《说文·新附》："韵，和也。"最初用来描述声音、乐调。到了宋代，"韵"常被文人雅士、才子佳人所使用。随着时代的发展，"韵"的外延逐渐丰富，不仅包括诗、书、画、文等广义的艺术门类，而且意指人的精神气度。现代汉语中，韵则有风度、情趣、意味等含义。

浙江省将习近平总书记提出的"历史和现实交汇的独特韵味"落地于"宋"这个意象，并提炼出"宋韵文化"。2020年9月，浙江文化研究工程实施十五周年座谈会上首次提出"宋韵文化"概念。不到一年，2021年8月，浙江省委文化工作会议提出实施"宋韵文化传世工程"，明确要求"展示多元包容、百工竞巧、追求卓越、风雅精致的宋韵文化气象"。

宋韵文化，集中着宋代三百余年历史文化中的文明元素、内在精神和传承至今的文化价值。宋韵文化，是中华优秀传统文化的重要组成部分，更是彰显中国气派和浙江辨识度的重要文化标识。

2021年12月,《宋韵文化简读》由浙江人民出版社出版,作者陈野提出:"宋韵文化的精神实质包括体现宋代文化内在品质和时代特质的民族精神、爱国精神、开放精神、创造精神、科学精神、人文精神六种基本精神"。浙江省文物考古研究所副所长郑嘉励认为:"宋韵文化有八个特征:浩然正气的爱国主义、以天下为己任的士大夫精神、经世致用的'浙学'思想、放眼天下的海外贸易、典雅敦厚的士大夫生活美学、丰富多元的市民生活、奠定后世审美范式的文化艺术、以三大发明为代表的科学技术。"

"四明八百里,物色甲东南。"

谈到宋代,就不得不提到如今的浙江地区,放眼浙江,讲宋韵文化,无疑首推杭州——随着南宋建立,半城湖水半城山的杭州成为宋代政治经济文化的中心。除了杭州,便是宁波——随着宋室南渡,宁波一时成为繁华之地。宁波拥有的南宋石刻规模之大、数量之多、雕刻之精、分布之集中、保存之完美在中国尚属唯一,更拥有"一朝紫衣贵,皆是四明人"的历史传奇。

2022年3月,宁波市文物部门开展的"宋韵文化遗产·不可移动文物(史迹)专题调研"显示:宁波全大市现有遗产二百五十余处,其中被列入《世界遗产名录》的有一处三个点(皆为世界文化遗产中国大运河的组成点段),全国重点文物保护单位八处二十五个点。

在共同富裕中实现精神富有,在现代化先行中实现文化先行。文化是一座城市独一无二的印记,更是城市发展的软实力。

如何让宋韵文化在新时代"流动"起来,"传承"下去?浙江省人民政府参事胡坚教授表示,弘扬宋韵文化最重要的是倡导崇尚思想、精忠爱国、兴业安邦、繁荣艺术、安乐百姓、优雅生活六方面的文化价值。

宋韵文化,不但要体现在研究论著中,而且要呈现在老百姓的烟火生活里、柴米油盐间,让老百姓去触摸、去感知、去传承,从而让千年宋韵在宁波这座城市中活化起来、流动起来、精彩起来,为宁波高质量发展、建设共同富裕先行市注入强大的文化力量。

《宁波宋韵文化史话》试图在文化学语境下研究宁波作为典型宋韵文化城市的民俗表现,及其在景观、生活、文学、思想等领域的映射。以宋代三百余年历史为经,以宁波地域特色为纬,通过对宁波宋韵文化进行田野调查,编织宋代老百姓的四季烟火,还原宋韵文化行为生成的具体情境,并从历史文化、民俗文化、旅游文化等学科视角切入,辅以实地案例和历史故闻,从而展现出宁波宋韵文化的魅力,形成区域民俗渊源研究的生动表达。同时,以城、人、文、商、技、俗"六位一体"文化矩阵,从全域宏观到句里微观,还原宋代宁波生活百态图景,呈现出历史和现实交汇的独特韵味,展示多元包容、百工竞巧、追求卓越、风雅精致的宋韵文化气象。

全书分"水韵之城:面向大海的江南都市""志士仁臣:致君尧舜的新士大夫""东南邹鲁:新时空中的儒学教育""雅俗交融:精致审美的生活艺术""精工巧作:百世流芳的大匠智造""俗世繁华:烟火市井的多元社会"六章。每章分别由诗话导言、历史回眸、时代价值三部分组成。部分历史回眸后附有小贴士、延伸阅读、链接等,以方便读者全方位、立体式地了解宁波宋韵文化。

代序：漫步在宋韵宁波的流光溢彩里

党的二十大报告指出，"坚持中国特色社会主义文化发展道路，增强文化自信，围绕举旗帜、聚民心、育新人、兴文化、展形象建设社会主义文化强国"，"发展面向现代化、面向世界、面向未来的，民族的科学的大众的社会主义文化，激发全民族文化创新创造活力"。

从井头山遗址八千年印迹，到主城区建城一千二百周年，宁波一直活跃在东海之滨，释放着多维度的古城魅力。自隋唐建制句章、明州伊始，随着与琉球、高丽等海外通商航运的兴起，宁波在宋代逐渐形成了繁华都市的整体架构。即使漫步在今天的鼓楼月湖商圈，依然可以触及淡淡的楼阁宋风与古树宋音。历史文脉的价值往往存在于城市的空间与记忆触发之中，既要细致静谧地展示宋韵元素，更应让广大民众和游客沉浸其中，通过实施"宋韵文化传世工程"，让宋韵文化在新时期活跃起来、传承下去，能够让人们更好地感知宋韵文化的流光溢彩。

一、对宁波宋韵文化基因的内涵分解

（一）畅达四海的宋代宁波商贸之韵

宋代航海技术和海外贸易迅速发展，宋廷在宁波、泉州等地设立了专门的管理机构——市舶司，负责管理海外贸易、获取进口货物税收。由于地理位置优越、州治稳定和全国经济重心南移，宁波逐渐成为对外贸易的重要港口之一和地方区域经济中心，也是当时中国建造海船的重要基地。北宋初年，宁波开始接待高丽使者，后专设高丽司，并在月湖菊花洲上建起了国家级迎宾馆——高丽使馆，这也是宁波"海上丝绸之路"与外埠政治、商贸往来的重要文化遗存之一。由于北方战争导致交通阻塞，宁波一度成为与高丽等国官方往来及开展海外贸易的唯一合法港口，甚至到了明初，朝廷下令沿海地区实行海禁，唯独宁波对外开放。通过宁波等港口出海，中国的政治制度、文化制度，以及服饰、绘画、科技、货币、宗教等各方面得到更广泛的传播，影响了朝鲜半岛乃至整个东亚地区，某种意义上为如今已跻身全球第三个年集装箱吞吐量突破三千万标准箱的超级大港——宁波舟山港培育了优势基因。

另外，海外贸易日趋繁荣发展，商人的地位得到了提高，他们甚至可入仕为官。商人地位的提升和海外贸易的繁荣对宁波的社会生活各方面产生了重要影响。例如，经济作物种植范围扩大，实现了粮食商品化；出现了我国最早的纸币交子，交子、铜钱和白银等多货币体系在贸易中广泛应用；制陶业和造船业快速发展，物品贸易活跃，带动了市镇兴旺，宁波也扩展升为庆元府。宋代海外贸易分官府经营和私商经营两种方式，其中民营外贸又占大宗。北宋朝廷制定了中国历史上第一部贸易法《广州市舶条法》，在宁波等各个外贸港口设立了专卖外国商品的蕃市，并制定了《蕃商犯罪决罚条》。此外，还开设了供外国人居住的蕃坊以及供外商子女接受教育的蕃学，大大促进了宁波民众与外国民众在文化教育、生活风俗等方面更加多元化地融合和交流学习，培养了宁波民众开放包容的对外交往习性，并逐渐孕育出为中国近现代民族工商业的发展做出了突出贡献的"宁波帮"人士，他们将我国的商品以及宁波独特的商贸文化传至全球各地，不仅扩大了"宁波帮"的影响力，而且推动了中国工商业的近代化发展。

（二）群贤辈出的宋代宁波教育之韵

宋代崇尚文治，是士大夫的黄金时代。宋代士大夫身兼政治主体和文化主体的双重身份，既是官员，又是学者、教育者。宋代发达的官学、私学等教育机构培育了大量的儒士群体，奠定了"以文治国"的统治基础；雕版印刷技术的发展促进了文化的普及和思想的传播，也为山乡庶民学子通过读书晋升至士大夫阶层提供了条件。唐末以降，全国很多文化名家、氏族迁移到杭绍甬一带定居讲学，到了南宋，宁波出了六位宰相、七百多名进士，成为与杭州毗邻的文化重镇之一。例如，桃源书院作为宋代浙东文人汇集之所，是当时的最高学府，其中院生杨简创建了慈湖书院（今慈湖中学）；朱熹任职浙江时曾数次到奉化龙津书院、余姚怡偲书院讲学，其中院生黄震独宗朱学，创立了"东发学派"，学派的影响力远播浙闽一带等。宁波教育之韵，代际不衰，文脉不竭。

宋代宁波学界也呈现出群体性、系统性、开创性等氛围特点。既有区域人才乡贤集聚，如"中国进士第一村"鄞州走马塘村，从北宋到明代，该村共出过七十六名进士（含状元），其中南宋时期多达五十四名，还出现了同门学派的人才集聚现象，影响远至全国。北宋"庆历五先生"杨适、杜醇、楼郁、王致、王说，或开办书院，或执县学、郡学讲席，五人致力于民生教化，是当时浙东地区的教育和学术中坚。南宋"淳熙四先生"舒璘、沈焕、杨简、袁燮，师承陆九渊以"心"为构成宇宙万物来源的心理合一的心学，兼宗朱子理学诸学，开创了"四明学派"。这便是明代王阳明成为心学集大成者、明清兴办姚江书院的思想根源。宁波崇教兴学的民风延承千年至今，也为近代以来宁波培育出近三百位大学创办人及校长、一百二十位涵盖各学科领域的院士，以及中国首位自然科学类诺贝尔奖获得者厚植了人文土壤。

（三）精巧绝伦的宋代宁波制物之韵

宋代士大夫在读书治学、吟诗作画、精研佛道的生活方式中，以酒、茶、香、花等日常趣事呈现出风雅高致的审美情趣。这种清净优雅的生活方式和淡泊闲适的人生态度，构成了宋代士大夫乃至百姓精神生活的一部分，也促动宋代达到了中国历史上器物美学之高峰。而宁波的贸易发展，使得社会分工逐渐细化，推动了当地手工业、建筑业发展成熟，艺术品、建筑物佳作频出，体现了宁波当时工艺技术的先进和营造技能的高超。例如，重建于北宋的保国寺大殿，集中凸显了江南地区传统木构建筑营造技艺和文化艺术的高峰，是长江以南现存最古老、保存最完整的木结构建筑。东钱湖南宋丞相墓道石刻群，其规模之大、数量之多、雕刻之精、分布之集中、保存之完美，在中国尚属唯一，有"北有秦陵兵马俑，南有钱湖石刻群"之誉。宋词宋曲也是中国文学史上的又一高峰。20世纪70年代初，宁波籍音乐家周大风等赴京研究唐宋词曲音调，在《九宫大成南北词宫谱》《碎金词谱》《魏氏乐谱》《姜夔琴谱》等七弦古琴琴谱的基础上，整理出《满江红》《念奴娇·登多景楼》《贺新郎》等二百七十三支唐宋词曲唱谱，并辅导录制磁带等。

南宋画师周季常、林庭珪用十年时间绘制出的一百幅佛教题材巨作《五百罗汉图》，是目前世界上发现的现存数量最多、阵容最大、制作最精美的宋代宁波地区佛教美术精品，该作品以佛教文化为媒介，反映了宋代宁波地区的社会风貌和民俗风情。《五百罗汉图》蕴藏着佛教典故、历史故事，展示了僧人的生活场景及风景园林、建筑器物、香道茶艺、服饰纹样等内容，可谓是宋代器物美学的集中体现。《五百罗汉图》现分别藏于美国波士顿美术馆、华盛顿弗利尔美术馆和日本京都大德寺，每次展出时都艳惊世人。宋器的影响源远流长，时至今日，从竹根雕、金银彩绣、泥金彩漆、朱金漆木雕、骨木镶嵌等宁波"非遗"手艺，到二百八十三家国家级专精特新"小巨人"企业、五十一家国家级制造业单项冠军企业身上，依旧彰显着宁波民众细致务实、力求创新的卓越品质和文化本源。

（四）经世致用的宋代宁波改革之韵

不论是宁波本地的政治贤才，还是外地赴任的宁波主事贤才，都为宁波的发展留下了很多值得称道的事迹和执政思想。北宋王安石身为进士甲科高第，主动远赴浙东海隅，以大理评事赴明州

（今宁波）鄞县，这是他第一次主政一方，意图施展其治民的抱负。王安石治鄞三年，既曾作诗抒发"天下苍生待霖雨，不知龙向此中蟠""不畏浮云遮望眼，自缘身在最高层"的政治改革抱负，又曾率十余万民工整修东钱湖，以"起堤堰，决陂塘""贷谷与民，出息以偿""兴学校，严保伍"等举措，为宁波留下了诸多改革实践的印记。朱熹在浙东饥荒时被荐任提举两浙东路平茶盐公事，他微服察访，调查贪官污吏劣迹，革除陋习。被世人称为"一代贤相、万世师表"的南宋嘉定十年的状元吴潜两次任职宁波，在执政中创造宁波历史上多个"第一"。例如：开展了宁波史载第一次大规模的"背街小巷"改造，一改宁波城历经金兵入侵战乱的破败景象；建立了宁波第一座水文监测站，并留存了月湖北平桥下测量城内外水位的"平"字水则碑；创立了军队与地方民兵联动的"义船法"和"海上十二铺"军事堡垒；开创平民基础义务教育制度，建立官办医院、民政机构和养老机构；等等。吴潜的众多"第一"，保障了当地人民的安居乐业，大力推动了当地的社会经济发展。可以说，目前宁波主城区的大体城市结构和部分区域基本公共服务功能的雏形始于宋代，且在当今社会生活中依然得到较多的体现。

因临近都城杭州，南宋朝廷政要大多来自宁波，以"宁波四大家族"史氏、楼氏、郑氏、丰氏家族为代表，尤其是"一门三宰相"的史氏，影响尤甚。其中史浩政尚宽厚，不仅为岳飞等蒙冤忠将平反，还不计前嫌，向朝廷举荐陆九渊、朱熹、陆游、叶适等众多人才。《三字经》《困学纪闻》的作者宁波人王应麟，正直敢言，不畏权臣，博学善事。杨简弟子袁甫传承陆学，修缮了庐山白鹿洞书院，创建了贵溪象山书院，更是在朝劘切权贵，抗论不阿，主张兴利除害、以教化为先，并上疏请求减免租税、兴修水利。黄震为官清廉，除弊禁邪，赈济贫民，激励贤善，修明文教，《宋史》称其"决滞狱，清民讼，赫然如神明"，"自奉俭薄，人有急难，则周之不少吝"。宁波诸子文风入骨，学脉夯实。直至明末清初，黄宗羲、全祖望、万斯同等创办"浙东学派"，在政治上公开批判君主专制制度，主张民权，在学术上提倡"经世致用",在经济上提出"工商皆本",这些主张为宁波较早地出现近现代民族工业萌芽提供了思想源泉和文化熏染。

二、传承宁波宋韵文化的现状

自 2021 年浙江省委文化工作会议召开之后,省内各地纷纷开展"宋韵文化传世工程"相关项目。例如,南宋皇城遗址所在地、南宋文化发祥地的杭州市上城区着力打造宋韵文化传承展示中心。宁波市相关部门在天一阁·月湖景区启动了"宋韵文化周"活动,以雅集、专家研讨、宋诗主题摄影展、园林之夜等形式,从风物、戏曲、风俗、风范、文学等多方面展现"宋韵甬存";以品"宋茶"、赏"宋瓷"、观"宋址",带领甬城少儿学习并传承宋代宁波特色文化等。

宁波要与拥有西湖、德寿宫、钱王陵、岳庙、宋城千古情文化演艺等元素的杭州唱好"双城记",实现文化差异化竞争,或者加强联动协作机制,从而把宁波宋韵做出特色。首先,从无形成果向有形成果方向转换,让民众能看得见、摸得着;其次,从资源向产品转换,原有宋韵文化资源还不够,需要开发更多的宋韵文化资源,包括文旅、文创、城市形象等系列文化产品,积极向消费端转变,尽可能多地创造和搭建出宋韵文化消费场景。此外,还要将宋韵文化与现代科技相结合,既要符合当下新兴的审美要求,让人们觉得宋韵有趣,又需要加入新的创意,激发年轻人主动传播、主动创造喜闻乐见的新时代宋韵文化符号。传承宋韵文化也不能孤立地发展,可以与阳明文化、藏书文化、海丝文化、商帮文化等宁波本地特色文化协同发力,共创辉煌。

目前,从推广活动、场地设置等方面可以看出,浙江省各地发展宋韵文化的工作重心体现在理论研讨、文化展示、游学体验、景区嵌入、民俗传扬、文创小品、影视摄制七大方面,逐步形成"政产艺研媒"共同发力的宋韵文化体系。目前,宁波通过对宋韵文化活动的集聚效果进行研判,从名人故里、宋史遗迹、文学习俗、旅游热度等角度,基本形成三大宋韵文化片区及文化载体,包括:海曙月湖鼓楼片区,以高丽使馆遗址、史宅、袁宅、水则碑等为主体；鄞州东钱湖片区，以治水遗迹、韩岭老街（象山港枢纽）、四丞相墓群、海丝文化、王应麟故里、云龙碶古迹，以及南宋时入列"禅院五山十刹"的阿育王寺、天童禅寺等为主体；四明山脉片区，以宋韵石雕、横街桃源书院、梁弄怡偲书院旧址、南戏余姚唱腔①、史嵩之墓、鼎盛于两宋的雪窦资圣禅寺、龙津书院旧址等为主体。还有一些宋韵载体散于江北、北仑、慈溪、宁海等地。可以说宁波宋韵文化活动异彩纷呈，文化载体形式丰富。

三、发展宁波宋韵文化的场景和路径

习近平总书记在中国文联十一大、中国作协十大开幕式的讲话中指出："博大精深的中华文明是中华民族独特的精神标识，是当代中国文艺的根基，也是文艺创新的宝藏。"活化、应用宋韵文化元素，不仅可以静态展示或者进行资料研究，而且更要将有生命力的宋韵文化融合在城市发展肌理中。《宁波市文化和旅游发展"十四五"规划》也提出了"新时代文化高地和现代化滨海旅游名城"新发展目标，通过"一带三区""六大板块"及配套主要任务的整体布局，协作打造特色景区和优势项目，例如大运河（宁波段）国家文化公园、浙东山水诗路文化旅游带等，构建民众的纵深体验或者消费集成，同时也包含着对宋韵文化的全景全链展示。

根据名人遗迹、文化习俗、旅游热度等，宁波宋韵文化开发宜形成"3+1+N"格局。"3"指海曙月湖鼓楼片区、鄞州东钱湖片区、江北慈湖片区。"1"指四明山脉片区。"N"表示还有一些宋韵载体在慈溪、宁海、北仑小港等地。通过各区块的空间、活动、智能化等多维角度，建立起宋代宁波与当代民众的认知联结和情绪碰撞，促发其真正的时代价值。

（一）发挥主题内容的时尚传播，实现沉浸式传承

宁波高校学子曾身着宋代服饰，参与在海曙区月湖举办的保

---

① 南戏余姚唱腔为中国古代戏曲史上第一种成熟的戏曲形式。

国寺大殿东次间梁架模型和五铺作斗拱模型拆解组装DIY活动，活动深受参观民众好评。对于千余年前的宋韵文化，民众仍有一定的距离感和陌生感，但是如果通过举办一系列活动并开展媒介传播，能够让民众感知并惊叹生活中的很多元素"原来它们来自宋代"。比如鄞州区东吴镇具有"一门三宰相，四世两封王，五尚书，七十二进士"的人文优势，东吴镇与宁波大学潘天寿建筑与艺术设计学院进行合作，在画龙村打造了一个沉浸式宋韵文化体验空间，并依托"大学小镇"党建联盟，引入"木与生活"艺术展厅，展厅的桌椅设计和书房、茶室等空间的打造皆借鉴了宋元时期古画风格，以艺术振兴乡村，浸润宋韵生活气息。再配合实景互动，身着宋代服饰的舞蹈艺术家精彩演绎宋代表演艺术，彰显宋韵之美①。

同时，有效区分不同背景的客群或者不同特性的社群，做精准性宣导。首先，要把握文化本体，树立区域宋韵地标，例如，杭州市上城区设立的南宋书房以"南宋文化 当代审美"为核心，建设融合"宋韵文化体验点"和"网红书店"、集历史厚重感与生活艺术感于一身的文化空间。其次，可以充分运用情景剧、桌游、密室游戏、研学、脱口秀等青少年喜爱的活动形式，以及Bilibili、抖音、快手、视频号等新媒体平台，将宁波宋韵史实、名家轶事或者《三字经》等文化IP融入活动内容素材。例如，鄞州区将文化传承融入"微改造、精提升"工作框架，开启"遇见另一个我"的宋韵文化"寻根之旅"，并开展"我在东吴种禅米""我在东吴做陶艺""我在天童修古道"等多项活动，实现了寓教于乐、寓学于动，参与者众多。再次，积极开发体现宋韵文化的IP，并衍生出文创产品、伴手礼、文具套装等，促动本地民众、外地游客走进景区，选到有趣的"宋礼"，满载而归。还可以串联全市各宋韵文化景点的公交专线，并参照宋代官辇形式对公交车的外观进行

---

① 宋代舞蹈被学界普遍认为是中国古代舞蹈发展过程中的转折点，与前朝舞蹈大气奔放、富有张力的风格不同，宋舞呈现出技艺高超、生动柔美、雅俗共赏的艺术格调。

特色化装饰设计，可以给人们带来"给我一日，还您千年"的独特体验。最后，积极学习借鉴国内成功案例，进行跨界合作。例如，奶茶品牌"茶颜悦色"的logo是一个执团扇的古典女子的头像，辅以朱红底色，品牌辨识度非常高，而声声乌龙、风栖绿桂、筝筝纸鸢等产品名称也充满古典韵味，价格适中，受到了年轻人的追捧，也带动一批如霸王茶姬、荷田水铺等国潮奶茶品牌强势崛起。

（二）发挥区域空间的资源联动，满足沉浸式体验

成功的人文景观在于能将历史元素、自然风光和艺术创作有机地融合在一起。如江苏多地高速服务区撷取江南文化元素改装换颜，已发展成百亿级规模的商业消费、能源消费市场，其中常州芳茂山服务区将恐龙主题乐园"搬"进服务区，苏州阳澄湖服务区融合枕水古街、苏式园林等江南元素，并开设苏绣、宋锦等"非遗"展览，真正做到了"不入苏州城，尽览姑苏景"。因此，宁波宜充分发挥城市空间设计创新思维，利用口袋公园、城市书房、百姓健身房、公交站点、健身登山步道等公共功能空间，对宋韵文化特色元素进行展示，注重活态传承和体验。

在第七届浙江书展上第一次出现的"宋韵书房"，是参照南宋画家刘松年《撵茶图》1∶1打造的，五十平方米展厅内设置的黑漆书案，案几上的砚台、镇纸等，都做到了1∶1复刻。炉中香烟轻拂，旁边是注水风炉和贮水瓮，方桌上筛茶茶罗、贮茶茶盒、白色茶盏、红色托盏、茶匙等器具错落有致，与画中右侧一人转动茶磨磨茶、另一人手提汤瓶正欲点茶的使用场景一模一样，雅趣盎然，别具韵味。"晴窗细乳戏分茶"，书房内还上演了"宋韵浮盏"表演，巨细无遗地展现了两宋流行的点茶技艺，彰显了宋代文人诗情画意的生活片段。以"宋韵书房"为案例，可以考虑扩展至街道、区块性联动项目。例如，在宁波某宋韵主题景点周边打造"宋韵文化特色街区"，可以借鉴北宋楼璹的名画《耕织图》里面的场景进行景观设计，统筹规划已有的石刻区、下水村、韩岭老街、王安石公园、陶公山等，在全省率先建成南宋文化风景生态集聚区。

宋代美学尊崇雅致隽永，与当今都市民众追求的"慢生活"理念十分契合，因此可以充分与周边环境、城乡建筑有机结合起来，形成宋韵天然群落。例如，象山县茅洋乡白岩下村"朴舍"民宿走红网络，该民宿融合了山景、海景和田园景，并依据宋代建筑范式手工打造全木结构房屋，配套宋代风格的路灯式样、休憩长廊等，借鉴古籍记载，改良出更适合当下人们口味的宋代美食，开设传统文娱项目，受到了游客的欢迎。民宿的房间平均入住率超过五成，亦带动白岩下村进行全面规划，从整体上提升小村的宋韵氛围，以系列主题宋韵民宿拓宽村民增收渠道。

宁波当地应尽快形成宋韵文化领域的规划范式或者行业指南，充分发挥宋韵文化的赋能效应和资源凝聚效应，从乡村振兴和城市两个维度带给民众沉浸式体验。

（三）发挥数字技术的现实虚拟，创造沉浸式场景

从河南卫视 2021 年春晚的舞蹈节目《唐宫夜宴》成功出圈，带火了河南博物院，再到江苏卫视跨年晚会邀请二次元虚拟歌手登台献唱、B 站跨年晚会首创"平行时空"观看体验，可以让网络观众自行选择进入不同版本的节目场景，各时空场景都采用了酷炫的数字技术，给观众提供了极致的观看体验，民众开始普遍接受类似这样的数字文旅场景。目前，文旅行业的数字化也逐步实现由智慧景区管理向虚拟景区内容的模式转型，通过云计算、元宇宙、裸眼 3D、数字孪生等技术打破线下物理空间限制，让民众畅游无限空间的线上宁波宋韵文化载体，达到文旅消费闭环。此外，还能实现单个景点多个资源即时连接，民众甚至能在数字空间创造专属于自己的宋韵历史场景。

与此同时，宁波老外滩上演了全市首个实景沉浸式表演，方特东方欲晓主题公园打造了沉浸式红色主题旅游，溪口银泰武岭坊打造了沉浸式旅游度假区等。各地各有侧重，均为沉浸式"数字宋韵"提供了现实参考。数字场景的运用，使南宋词人吴文英和陈允平的诗词吟唱、南宋书坛名家张即之的书法笔墨，以及宋代蹴鞠马球和龙舟竞渡等体育竞技活动，得以低成本、高强度地

再现和传播,为宁波社区和乡村文旅发展赋能添彩。将数字技术的发展与宋韵文化相结合,既要细致深挖宋韵历史底蕴,也要摸索不同数字技术的投入产出和效果配比,匹配不同城乡景区的特点,串珠成链,点光聚星,为广大民众呈现出流光溢彩的宋韵视觉盛宴。

(四)发挥学科交叉的创新驱动,支持沉浸式研究

不论是深度挖掘宋韵文化各领域的历史价值,还是体验宋韵文化数字场景和智能化推荐宋韵文化元素,都迫切需要跨学科、跨区域、跨产业的创新协作研究,才能多出好成果,设计出民众喜闻乐见的宋韵文化成果和产品。例如,浙江省博物馆与南京博物院携手打造的跨年大展"宋韵——士大夫的精神世界",该展览展示了来自三十八家考古文博机构收藏的约三百件(套)宋代文物精品,包括大量浙江宋代文人士大夫墓葬出土文物,讲述宋代士大夫的治世行道和文艺生活,展示士大夫的精神世界。这样综合性的展示活动,既保证了权威性和独家性,又将宋韵研究工程推向了新高度,为普通民众和相关研究机构提供了更多的宋韵素材。有关部门及院校亦可以成立宋韵文化研究智库、交叉学科研究中心、虚拟宋韵博物馆等,发挥宁波本土在新材料、机械制造、纺织服装等方面的优势基础,辅之以考古学、生物学、信息学、工程力学等,有力地支撑起宋韵文化的研究与普及。

随着民众家庭新需求和新消费习惯的形成,文化旅游的业态发展将呈现出多维度、多层次、多周期的特点。宁波不仅具备山、海、湖、江、崖、滩、洞、岛、谷等丰富的地理资源,交通十分便利,而且拥有从井头山遗址八千年文明到月湖东钱湖宋韵、明清阳明心学,再到老外滩民国风情的悠久文脉。在文旅资源"富矿"的基础上,发展宁波宋韵文化大 IP,应采取措施将全市资源有机统筹起来,结合静态保护展示与动态体验引流,结合历史人文元素与产业支撑,兼顾各年龄层、家庭近地游和远程游等不同客群的需求,并将宋韵古迹、"非遗"项目等通过云展馆、研学、文创、动漫等方式进行"活化""数字化",激发青少

年对宁波宋韵风尚的兴趣和民众对家乡宋韵文化的自豪感，在宁波高质量建设共同富裕先行市、实现中国式现代化过程中凸显人文时代魅力。

朱友君[①]

2022 年 10 月

---

① 代序作者朱友君为宁波市甬城民营经济研究院理事长、宁波市滨海城市文化研究院执行院长、宁波教育博物馆特聘研究员。

目录

第一章 水韵之城：面向大海的江南都市 //001

诗话导言 //002

历史回眸 //004

 庆元：由州到府新跨越 //004

 明州：南宋最经典城市 //007

 高桥：明州保卫战打响地 //011

 大运河：接轨内外贸易的黄金水道 //014

 明州港：海上贸易东海航线中心港 //016

 三江口："海上丝绸之路"起点 //019

 永丰库：国内首次发现的古代大型仓库 //020

 东钱湖："海上陶瓷之路"源头之一 //022

 高丽使馆：国家级迎宾馆 //024

 天童寺：禅宗五大寺院之一 //027

时代价值 //031

第二章 志士仁臣：致君尧舜的新士大夫 //033

诗话导言 //034

历史回眸 //036

 王安石：治鄞贡献最大的外地官员 //036

 谢景初："吴越四贤"之一 //039

 四明史氏：南宋最大的名门望族 //042

 史浩：史氏家族首位宰相 //044

 钱公辅：月湖风物创始人 //046

 陈禾：北宋"屠龙"御史 //049

吴潜：大运河宁波段最重要的设计者和建设者　　//053

　　郑清之：三登相位　　//055

　　萧世显：亲民惠民　　//057

时代价值　　//059

第三章 ●○ 东南邹鲁：新时空中的儒学教育　　//061

诗话导言　　//062

历史回眸　　//063

　　"庆历五先生"：开创明州教育先河　　//063

　　"淳熙四君子"：明州文化史上的光辉一页　　//067

　　胡三省：注解《资治通鉴》　　//070

　　四明学派："浙东学派"之一　　//073

　　黄震："东发学派"创始人　　//075

　　《三字经》：三大国学启蒙读物之一　　//077

　　桃源书院：浙东文化源头　　//081

　　《神童诗》："古今奇书"　　//086

时代价值　　//088

第四章 ●○ 雅俗交融：精致审美的生活艺术　　//089

诗话导言　　//090

历史回眸　　//092

　　《五百罗汉图》：宋代器物美学的集中体现　　//92

　　《山园小梅》：千古咏梅绝唱　　//94

　　曾巩："唐宋八大家"之一　　//96

　　张孝祥：豪放词派中承前启后的关键人物　　//98

　　吴文英：南宋词坛大家　　//102

　　戴表元：东南文章大家　　//104

　　《耕织图》：世界上第一部农业科普画册　　//106

时代价值　　//108

第五章 ●○ 精工巧作：百世流芳的大匠智造　//109

诗话导言　//110
历史回眸　//112
万斛神舟：当时世界上最先进的大船　//112
水则碑：我国城市古水利遗存中仅存不多的实例　//116
大西坝：明州锁钥　//118
南宋石刻群：世界上最丰富的南宋历史文化瑰宝　//120
保国寺：江南现存最完整的宋代木构建筑　//123
月湖：宋代人文荟萃之地　//125
通济桥：浙东第一桥　//130
铜壶刻漏：千年前世界上罕见的大型计时器　//132
时代价值　//134

第六章 ●○ 俗世繁华：烟火市井的多元社会　//135

诗话导言　//136
历史回眸　//137
塘河：明州城市的生命线　//137
"厢坊市井"：明州城烟火画卷　//140
七塔寺：明州城区唯一保存完整的大规模佛寺　//143
妈祖文化：从宁波走向世界　//145
慈城慈湖：一方慈孝之地　//148
雪窦山：四明第一山　//151
阿育王寺：我国现存唯一以阿育王命名的千年古寺　//153
时代价值　//156

附录 ●○　//157

岁月留痕　//158
在钱湖，遇见宋韵　//158
"三湖"风好，只此青绿亦书香　//166
塘河古桥：多少岁月微波中　//171

高桥，一座曾经很高很高的桥　　//176

　　钱湖书楼知多少　　//180

　　闲走莫枝三角地　　//189

　　夺得千峰翠色来　　//193

　　广德湖，朋友圈里故人多　　//196

思古论今　//200

　　传承千年文脉　高水平打造东钱湖宋韵文化圈　　//200

　　打造宁波"宋韵西塘"对策建议　　//205

　　打开地图品宋韵——宁波宋韵文化面面观　　//211

历史文献　//214

　　三字经　　//214

　　神童诗　　//217

　　宁波月湖铭　　//221

参考文献　//223

这些话，和你说声再见　//226

第一章 水韵之城：面向大海的江南都市

观明州图

王安石

明州城郭画中传，尚记西亭一舣船。

投老心情非复昔，当时山水故依然。

钱塘江江流曲折，故称"之江"，又叫"浙江"。省以江名，简称为"浙"。地处东南沿海长江三角洲南翼的浙江，拥有丰富的海洋资源和底蕴深厚的海洋文化。

浙江腹地宁绍平原得地利之便，几似京畿之地，尤其是"港城"宁波，向西通运河，直达京城，向东为大海，与日本、朝鲜等国一水相隔。

海洋渔业是宁波最具特色的传统优势产业，海洋捕捞可溯源到河姆渡时期。自那时起，河姆渡就成为宁波海洋文化的发轫之地，宁波沿海先民由此走向海洋。唐宋时期，宁波造船业日益发达，造船和航海技术突飞猛进，为渔民大规模走向海洋提供了有力的保障。

南宋时期，朝廷分外重视海外贸易，积极推行对外开放政策，东海航路由此进入快速发展时期，海外贸易兴盛，其中，与日本、朝鲜等国在经济、文化上的交流十分突出，尤其是中日双方开始了全方位的文化交流。同时，制瓷业获得长足发展，各地名窑如雨后春笋般出现，越窑青瓷远销海外，成为这一历史时期与外界交流的一大见证。

宁波自古便是浙江重要的港口城市。王安石的《观明州图》便道出了唐宋时期宁波船舶航运的重要地位。伴随着海外贸易的兴盛，宁波港作为南宋对日、对朝的主要港口，在我国与海外各国开展文化交流和传播中扮演了极为重要的角色。

宋代以来，宁波成为中国沿海重要的商贸中心和对外贸易口岸，丰富的海洋资源和优越的地理位置，沉淀着深厚的海洋文化。宁波海洋文化在中外经济文化交流和中国海洋文化的形成与发展过程中发挥了重要作用，更为后世留下了宝贵的海洋文化遗产。

第一章 ✳ 水韵之城：面向大海的江南都市

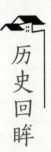

庆元：由州到府新跨越

书藏古今，港通天下。

宁波，简称"甬"，别称"四明""甬城"，雅称"甬上"，古称"鄞""明州""庆元"。

宁波位于中国大陆海岸线中段，长江三角洲南翼。在这里，潮汐出没的宁绍平原位居其中，江河湖海点缀其间，构成了"经原纬隰、枕山臂江"的地理特征。

七千年前，先民们就在这片土地上繁衍生息，创造了灿烂的河姆渡文化。

夏朝时，宁波的名称为"鄞"。春秋时，宁波处越国之境。

"甬"的名称则始于周朝。"甬"是古代大钟的象形字。在鄞州和奉化的交界处，有一座很像古代覆钟的山，人们叫它"甬山"，山下的江就叫"甬江"，这一带便称作"甬"。

秦始皇统一六国后，以三江口为天然分界线，划分出鄞（县治在今奉化区西坞街道白杜村）、鄮（县治在今鄞州区五乡镇同岙村）、句章（县治在今江北区慈城镇王家坝村）三县，为会稽郡所辖。

"明州"的名称始于唐朝。唐开元二十六年（738年），有官员向唐玄宗上奏，说鄮县是海产品和丝织品的集散地，是重要港口，地理位置非常重要，请求把鄮县升为州。唐玄宗采纳奏本，设明州，下辖鄮、慈溪、奉化、翁山四县，州治在小溪（今海曙区鄞江镇）。

"四明"的别称与附近的四明山有关。四明山位于浙江东部,山脉横跨现在宁波的余姚、鄞州、奉化,以及绍兴的嵊州、上虞等地。在余姚有一岩石,岩石上有一天然石洞,日月星光照射石洞,人在其中宛如置身窗口,故名"四明山"。"四明"也因此成了宁波的别称。

唐长庆元年(821年),明州刺史韩察将州治从鄞江迁到三江口(今海曙区),并建内城(即子城),标志着宁波建城之始。

唐乾宁五年(898年),明州刺史黄晟修建外城(即罗城),三江口作为明州州城得以固定并迅速发展起来。

"庆元"的名称始于宋代。宋代,明州经济得到进一步发展。南宋建都临安(今杭州),宋庆元元年(1195年),宋宁宗赵扩赐明州以年号为名,升明州为庆元府(相当于现在的直辖市),属两浙东路,治鄞县(今宁波)。

明州升为庆元府后,迈上了快速发展的道路。

明洪武十四年(1381年),为避国号讳,朱元璋采纳了鄞县一个叫单仲义的读书人的建议,取"海定波宁"之义,将庆元府改称宁波府。

从此,"宁波"一名沿用至今。

小贴士

刺史,又称"刺使","刺"是检核问事之意,"史"是御史之意。刺史,为一郡或一州的最高行政长官,相当于现在的省长或市长。方国、郡、县、道、邑、州、府等,都是古代地方行政机构和区划。一般来说,凡政治、经济、军事都非常重要的地方,朝廷会在此地设府辖治。

延伸阅读

宋朝,分北宋、南宋,前后共计三百余年。

北宋建隆元年(960年),赵匡胤陈桥兵变黄袍加身,夺后周帝位而改元自立,在汴梁(今河南开封)建立宋朝,为宋太祖。建国之初,朝廷采取崇文抑武的国策,将军权归于中央。

赵匡胤继续周世宗时期的统一大略，最终基本完成了对全国的统一。宋太祖赵匡胤、宋太宗赵光义二帝发动宋朝仅有的几轮北伐，其间宋朝疆域大致定型。此后，宋朝一直采取重内轻外的防守策略，很少对北方再动干戈。

靖康二年（1127年），宋徽、钦二宗（赵佶和赵桓）被金人掠去，史称"靖康之耻"，北宋倾亡。

随后，宋徽宗第九子、钦宗之弟康王赵构开启了南宋时代，成为宋高宗。宋室被迫南迁临安，与入侵的金国以淮水—大散关为界，史称"南宋"。

南宋德祐二年（1276年），都城临安陷落。

南宋祥兴二年（1279年），宋元进行崖山海战，宋军大败。宋朝丞相陆秀夫负幼帝赵昺投海殉国。

自此，南宋正式灭亡。

明州：南宋最经典城市

"有人说，爱上一座城，是因为城中住着某个喜欢的人。其实不然，爱上一座城，也许是为城里的一道生动风景，为一段青梅往事，为一座熟悉老宅。或许，仅仅为的只是这座城。"人因城而欢喜，城因人而扬名——这是人与城最美好的互动。地处江南水乡的明州就是这样一座城。

浙江八大水系，明州水系占其一。河流则有姚江、奉化江、甬江。姚江、奉化江在市区汇成甬江，流向东北，经招宝山注入东海。

明州城依靠奉化江与姚江相汇于甬江的"Y"形天然屏障，在西边开掘了一条护城河，护城河沿长春路南北延伸，南通奉化江，北达姚江。

河多，桥自然也多。据记载，宋代，明州各种桥梁有一百多座，到了明清时有两百多座，堪称"水城威尼斯"。

明州保卫战后，宋高宗离开，张浚撤退。南宋绍兴十三年（1143年），金军南下占领明州，大掠之后放火焚城，城内建筑多被焚毁，成为明州史上历经的最大浩劫。

这场战争，导致了明州历史上第二次建城。

重建后的明州城有十道城门。正西望京门，望京门城楼是所有城楼中规模最大的城楼，上面建有七间屋面的敌楼。据记载，望京门曾设有瓮城和水陆两座城门，直通浙东官道。因为它通过浙东官道一直通向临安，故称"望京"，又名"朝京门""迎恩门"，民间则称之为"西门"。

与望京门东西相对的城门为东渡门，民间则称"东门"。望京门与东渡门之间的这段路后来有"浙东第一街"的美称，如今这段路为中山路，中山路分中山东路、中山西路，中山西路口附近有鼓楼。鼓楼为唐代明州子城的南城门，不仅是主轴线交点，而且还是明州历史上正式置州治、立城市的标志。从唐代到宋代，甚至后来的元明清时期，这里都是明州的政治中心。特别是从宋代开始，各大望族多在此处置宅邸，这里逐渐成为甬上士族府第的集中区域。

而真正的正东城门却是灵桥门，灵桥门外是唐长庆三年（823年）建造的浮桥，由十六只大船串联而成，上面铺了一丈多宽的桥板，这里是通向东部海滨的要道。因浮桥竣工时天空出现彩虹，于是人们称其为"灵见桥"，又名"灵桥"。这是明州历史上最早的跨江浮桥，民间称为"老江桥"。不论在规模还是功能上，东渡门等其余八座城门都无法与望京、灵桥两城门媲美。

明州城门中，市舶门独具特色。北宋时期，为了让码头上的外国进口货物单独入关，而不与灵桥门或东渡门的国内货物相混，便修筑了一座专用的城门，即来安门。来安门外的奉化江边还有一座来安亭，便是海关稽查人员的岗位。当外国船只来到的时候，都会在来安亭验货，并根据价值抽取关税。

宁波江厦公园今有宋代市舶司来远亭遗址。来远亭遗址碑记载：来远亭初建于宋乾道年间（1165—1173年），位于来安门外，作为当时明州市舶司官员监督验收海商搬卸货物和签发出入口凭证的所在。宝庆二年（1226年）重建后易名来安亭，后废。元泰定二年（1325年）庆元路市舶司副提举周灿在灵桥门外北段临江处复建来远亭，同时，在亭西对面的城墙专辟一门，作为货物入城内市舶司仓库的快捷通道。明嘉靖二年（1523年）因争贡事件发生，朝廷罢停海外贸易，市舶司随即被裁撤。来远亭亦因此丧失事务功能，遂被废。来远亭的兴废与明州海外贸易关系密切，该遗址是宁波"海上丝绸之路"的重要见证之一。

明州城为什么要修建得如此坚固？明州作为临安附近的重要城市，它的安危直接关系到京城的安全。

南宋不但在明州设置了十四个营的中央警卫军"禁军"和地方部队"厢军"，而且专门建立了被称为"王朝的舰队"的明州水军。

明州不是一般的城，是县、州和更高一级的军事机构浙东制置使司合治的城市，也是南宋京城的海上门户，更是南宋京城外最重要的城市，堪称"南宋所有城市中最经典的城市"。

小贴士

市舶是指舶来品的买卖，市舶司是古代管理对外贸易的机构，相当于现在的海关。唐显庆六年（661年），设市舶使于广州，这是市舶司的前身。北宋开宝四年（971年），设市舶司，并于清康熙二十四年（1685年）全部撤销。市舶司在宋元明时期发展最为兴旺，其中，宋代市舶司的制度和功能最为健全。

明州市舶司开始酝酿于宋淳化三年（992年）。当时，朝廷将设于杭州的两浙路市舶司先移驻到定海县（今宁波镇海招宝山甬江口），后移驻到宁波城东南的奉化江边上。明州市舶司正式成立于宋咸平二年（999年），并一直延续到元末的至正二十五年（1365年），历经了宋元两个朝代三百六十多年。

延伸阅读

黄晟，字明远，出生于鄞县（今鄞州区姜山镇九房自然村）。唐僖宗时，黄晟应募于望海镇（今镇海区），因身矮未被录用。后黄晟募众据守平嘉，且凭赫赫战功担任了十八年的明州刺史。

唐乾宁五年（898年），黄晟率领老百姓开采石头，修筑周长十八里（即九千米）的罗城（位置大致相当于海曙老区内的环城马路），沿城墙开挖护城壕河，并重建了奉化江上应彪始建的东津浮桥。

黄晟为官廉正，在明州威望甚高，至今仍有不少有关他的历史遗迹。海曙天一广场附近有君子街，旧称"皂荚庙衕""君子营"，因唐时有君子营得名。路振《九国志》载："唐末，明州刺史黄晟，兴学好士，江东儒学之士多依之辟前。前进士陈晃等，嘉其清介，加以优待，为筑居于城东隅，谓之措大营，即今君子营。"

鄞州区姜山镇有伙飞庙，为黄晟祀庙。相传，武后称帝时，黄晟先祖从福建泉州同安迁此发族。因黄晟曾被封任为"伙飞兵马使"，宁波百姓便以"伙飞"命此庙。鄞州区云龙镇有石桥村，村民多姓黄，相传为黄晟后人。鄞州区首南街道曾有三桥村黄家，村民主姓黄，系黄晟后裔。

象山县贤庠镇常乐村后山南麓原有常乐寺，相传为黄晟所建。《敬止录》等宁波地方文献记载，黄晟去世后原葬于今鄞州区东钱湖隐学山，其孙黄永阶任象山镇遏副使时，将其墓移于常乐寺后。

高桥：明州保卫战打响地

明州保卫战，也称"高桥之战""高桥大捷"。

高桥，原本是一座桥，后来发展成为一个村落，一个镇。

明州有六条塘河，城西占三条，分别为南塘河、中塘河、西塘河。其中西塘河沿线遗存有西塘河古桥群（望春桥、新桥、高桥、上升永济桥）及望春老街、高桥老街、大西坝村等。西塘河与大西坝河交汇处有一座桥，就是高桥。

高桥以"洞高""孔大"著称，有"航舶过往风帆不落"之说。高桥南北两侧的桥额上各镌刻四字，北边是"文星高照"，南边为"指日高升"。对于上京赶考的读书人来说，过高桥寓意着"文星高照"；而对于做了官回乡光宗耀祖的人来说，过高桥则代表着"指日高升"。

西塘河连接了明州与临安，高桥则成为明州通向京城和中原都会的要津。宋人袁商曾在《重建高桥记》中介绍了高桥的重要性，"桥横跨西塘河北岸，南通晋家桥，北通大西坝村，自昔由杭、绍来宁为必经之路"。

宋代抗金史上的"高桥大捷"，就发生在高桥。据《鄞县通志·礼俗》记载："高桥，宋建炎间与金人大战于此"。

宋建炎三年（1129年），岁末年初，春寒料峭，四千余名金兵紧追刚刚登基于危难之际的宋高宗赵构。南宋开国皇帝宋高宗，为宋代第十位皇帝，在位三十五年。彼时宋高宗一路南下，直奔明州。

这是一次惊心动魄的紧追，宋高宗与追兵只相差半天时间的脚程。当宋高宗气喘吁吁地逃进明州城的时候，追兵也沿着浙东官道追到了城西广德湖。从明州城墙西望，可见城外金兵营寨生火做饭的炊烟。

宋高宗决定暂住明州城。浙东制置使张浚感到责任重大，决定组织明州保卫战。明州保卫战在当时能否取胜，意义相当重大。

张浚最终决定主动出击，两军交战地点定在距明州城西二十五里的高桥。这是一场南方水军与北方骑兵的搏斗。聪明的高桥人很快发现了北方骑兵的软肋，明州多草席，明州人称其为"明席""滑子"，高桥人拿出家里编织的草席，铺在骑兵必经的高桥上，战马从来没有遇到过江南特有的滑溜溜的草席，一踏上去就纷纷打滑跌倒……

这一场战争的胜利在坊间有了"草席退金兵"的美谈，更使嚣张的金兵明显放慢了南下的速度，最后形成了划淮分治的战后格局。

宋《佛祖统纪》有记载："建炎三年十二月，浙东制置使张浚与金人战于明州西门。浚见民间多织席，遣兵敛取之，以重席覆于路。金骑践席上，皆足滑而仆。因急击之，斩获甚众。"

清代宁波人万斯同也在诗中描述了那场战役："高宗航海驻鄞邦，曾把高桥作战场。却恨元戎轻纵敌，复教兀术渡钱塘。"

明州保卫战是宋金"江南十八战"的首战，更是宋代抗金史上首次胜仗，后人称之为"高桥大捷"。

小贴士

制置使，也称"制置大使"，官名。唐大中五年（851年）设置，经画边防军务，控制地方秩序。宋代初期不常设置，宋室南渡后，因与金兵作战，设置逐渐增多，多以安抚大使兼任。制置使往往辖治数路军务，类似明清的总督。

延伸阅读

在明州，有"浙东女子尽封王"的传说，这个传说便与"高桥大捷"有关。相传，南宋初年，宋高宗为避金兵南逃到明州，危急之际被晒谷场的一个村姑救下。宋高宗获救后感恩不尽，许诺回去就用凤辇銮驾娶这位姑娘入宫，信物就是姑娘身上的蓝印花围裙。半年后，宋高宗果然派人来明州迎娶那位姑娘。结果发现，明州家家户户的晾衣架上都挂着蓝印花围裙。娶不到心上人的宋高宗于是下了一道旨，明州女子出嫁时皆可以皇家嫁女的礼仪待遇，着凤冠霞帔、乘龙凤花轿，更由此衍生了"十里红妆"这一浙东民俗。

链接

高桥拥有"文化之乡"的美称，名人荟萃、人才辈出。著名地质学家翁文灏等便是从这里走出去的。此外，坐落在高桥姚江畔的梁山伯庙则是中国古代四大民间传说《梁祝》的发源地。

大运河：接轨内外贸易的黄金水道

中国大运河，是世界上最长、开凿最早、规模最大的运河，不仅是我国古代劳动人民在东部平原上创造的一项伟大的水利工程，而且是宝贵的世界文化遗产。

中国大运河由隋唐大运河、京杭大运河和浙东运河三部分组成，连通了黄河、淮河、长江、钱塘江、海河水域。

浙东运河是浙江省东部宁绍平原上的主干航道，是中国大运河内河航运与外海连接的纽带、接轨内外贸易的黄金水道。其中，"脉络城市，贯通江海"的浙东运河宁波段，既是浙东运河的最南端，又是中国大运河的最南端。

浙东运河西段——萧绍运河（旧称"西兴运河"）系古代人工疏浚、开凿而成。据考证，浙东运河大约形成于春秋晚期。越国时，浙东运河被称为"山阴古水道"，水道从钱塘江开始，经曹娥江、姚江和甬江，汇入东海。此后，经历多次整治和疏浚，形成了集灌溉、运输等多种功能于一体的水上大动脉。秦始皇统一六国后，初步奠定了江南运河浙境段的基本走向。隋炀帝在开凿京杭运河时也对浙东运河进行了整治，使浙东运河与京杭运河沟通更畅。到了唐代中叶，杭甬运河进行了多次疏通、深挖和修筑，使灌溉和航运更加方便。

浙东运河宁波段真正定型于宋代。宋代，浙东运河全线贯通，沿大运河南下到达明州的内河航船一般都在宁波三江口换乘抗风浪性能更好的海船，经甬江驶出东海开往世界各地。据《四明志》载："海外杂国，贾舶交至。"

宋代的宁波，以"拓三江之险，融海环之势"的独特格局，稳固地支撑起了运济天下的"河运"和"海运"，成就了宁波在古代中国政治、经济、文化等领域的地位,也成就了"海上丝绸之路"历史的"活化石"。

南宋时期,浙东运河由中央政府直接管理,成为国家的生命线。当时,杭州与绍兴及海外的联系都依托于浙东运河。因此,朝廷对浙东运河全线进行了一系列大规模的疏浚,通航状况有了很大改善。

明州,是大运河南端的出海口与连接"海上丝绸之路"的核心城市,内河运输与海上运输相互连接,具有运河城市与海港城市的双重特征,在大运河沿线城市中极具独特性和代表性。

链接

2014年6月22日,第三十八届世界遗产大会宣布,中国大运河成功入选世界遗产名录,成为中国第四十六个世界遗产项目。目前,保留下来的有大运河宁波段水利工程遗产、与大运河史地相关的其他文化遗存等多处,以及运河生态与景观环境、运河相关非物质文化遗产等多项。

明州港：海上贸易东海航线中心港

宋代，明州经济得到进一步发展，成为我国重要的港口城市之一。

明州港作为我国古老的港口之一，其源头可上溯到河姆渡时期。河姆渡是宁波沿海先民走向海洋的起点，成为宁波海洋文化的发轫地。

春秋战国时期，越国造船业、航海业迅速发展，设置了专管造船的官署，当时已经可以制造出规模较大的战船及各类民船。出土的文物显示，句章港在春秋时期已经出现了风帆，不仅为船舶提高航速、扩大航区提供了技术保证，而且为进一步发展舟船航运奠定了基础。

西方人对我国的最早印象，主要源于丝绸、茶叶和瓷器等物品，而这些物品传送至海外正得益于舟船航运的发展。

丝绸之路，广义上可分为"陆上丝绸之路"（经常直接称为"丝绸之路"）和"海上丝绸之路"。其中"海上丝绸之路"形成于秦汉时期，发展于三国至隋朝时期，繁荣于唐宋时期，转变于明清时期，是已知的最为古老的海上航线。"海上丝绸之路"以丝绸贸易为象征，是古代中国与外国进行贸易和文化交往的海上通道。

"海上丝绸之路"有两大干线：一条是中国通往朝鲜半岛及日本列岛的东海航线，另一条是中国通往东南亚及印度洋地区的南海航线。

在我国漫长的海岸线上，先后出现了十余个与"海上丝绸之路"形成与发展关系密切的大小港口。这些港口在长期的发展演变过程中历经兴衰与更迭，而明州则作为"海道辐辏之地"，一直保留着"海上丝绸之路"重要始发港的地位。

早在春秋时期，当时宁波便有港口，只不过那时候的港口被称为"句章港"。

隋唐以前，位于浙江东端的明州，地理位置比较偏僻，而且交通不畅。随着大运河的开通，江南地区逐渐形成了庞大的水运网络，而明州正是其中重要的一环。

到了唐代，明州逐渐发展为一个世界级的商港，这时候明州被称为"明州港"。

唐代初期，朝廷军队与突厥等民族发生纷争，关系恶化，"陆上丝绸之路"受阻，于是朝廷开始重点发展"海上丝绸之路"。安史之乱后，经济重心南移，位于沿海的明州迅速崛起。明州是日本等地的使者偏好的登陆点，社会风貌十分繁华。《新唐书·东夷传》载："新罗梗海道，更繇明、越州朝贡。"随着造船业和航海技术的快速发展，明州港的海上交通和贸易日趋发达。明州港的兴旺，推动中日之间的南方航线得以开通。

到了唐代后期，明州港成为我国极其重要的商港之一，同时还是大唐与日本、新罗开展东亚贸易的枢纽港之一。

宋代，是我国古代海外贸易发展的重要时期。明州虽然偏处一隅，不是大都会，但是由于有天然良港且远离北方战乱之地，成为海路的重要枢纽。宋代，明州进入海外交通全盛时期，是重要的对外贸易港口之一。明州与日本、高丽等国家的贸易居于全国首位，中国与日本、高丽等国的海舶往来集中于此。明州成为朝廷少数设置市舶司的地方之一。北宋初期，朝廷在广州和杭州设立市舶司，管理对外事务和贸易，征收商税。宋淳化三年（992年），两浙路市舶司从杭州迁到明州，设于子城东南隅。宋咸平二年（999年），明州置市舶司，下设市舶务。宋元丰三年（1080年），朝廷下令"非明州市舶司而发过日本、高丽者，以违制论"。这样，明州就成为获准与日本、高丽通商贸易的唯一港口。北宋徐兢在《高丽图径》中如此描述：明州万斛神舟驶高丽，高丽人"倾国耸观而欢呼嘉叹"。

南宋迁都临安后，明州实际上成为京城的外港，明州港和浙东运河成为提供河海联运、接轨内外贸易的黄金水道和优良港埠，也成为我国大运河连接世界大通道的南端门户。南宋《乾道四明图经》中，用"南则闽广、东则倭人、北则高句丽""商舶往来，物货丰衍"等描述，记录下明州当时商贾云集、船只如梭的场面。

南宋庆元元年（1195年），朝廷废杭州、温州等四市舶司（务），明州港与泉州港、广州港并称"全国三大对外贸易港"，也称"全国三大贸易枢纽港""中国三大港口"。明州港东出大洋，西连江淮，转运南北，港通天下，不仅是"海上丝绸之路"重要的始发港之一，而且是我国大运河南端唯一的出海通道。作为我国海上贸易东海航线的中心港口、"海上丝绸之路"重要港口，明州港的航路自东亚一直延伸到东南亚、西亚乃至遥远的非洲等地。

甬江口，一块石碑上的"海上丝绸之路起碇港"几个大字，彰显着这个古港口的重要意义。正是海外贸易的发展，使明州从一个相对落后的地区发展成为宋代重要的地方经济区域中心。

三江口:"海上丝绸之路"起点

"走遍天下,不及宁波江厦",宁波人总是如此自豪地介绍自己的家乡。遍布世界的宁波帮,驰名中外的宁波港,都从这里起步。这里是江厦,是三江口。

三江口,俗称"东门口"。明州的母亲河奉化江、姚江在这里汇入甬江,直通大海。其中,姚江从四明山深山峡谷中蜿蜒而来,承载着七千年的河姆渡文明,肩负着中国大运河末端浙东运河的使命款款东流。

宁波,因三江汇聚,因三江而生、而兴、而名。这里是甬上最繁华的地段,是宁波城最富庶的地方。

到了隋朝,京杭大运河开凿后,三江口即形成了北可直通长安、东与大海相通的江海连运优势。

唐长庆元年(821年),明州刺史韩察将州治从小溪迁至三江口,并建内城,标志着建城之始。城市枕江而建,因便利的漕粮水运资源,汇聚了来自各地的商贾。因甬江直通东海,位于城中心的三江口理所当然地成为连通内河航运和海洋贸易的一个重要交汇点。

唐宋以来,从三江口到灵桥一带,沿奉化江排列着多个码头,旧称"大道头"。

历史上,三江口是明州城内最早的港埠,作为海运与漕运的咽喉,三江口成为兵家必争之地,所谓"浙东有难,必先于鄞"。三江口是浙东运河出海口,既是大运河的末端,又是"海上丝绸之路"的起点。

如今,三江口成为中国大运河实现"河海联运"的黄金枢纽,并以"海上丝绸之路起点"承古接今,把宁波与世界联结起来。

永丰库：国内首次发现的古代大型仓库

明州唐宋子城遗址内，有一座宋元明时期大型衙署仓储机构遗址，是迄今国内发现的最大的元代单体建筑遗址——永丰库。

永丰库的前身为南宋时期的常平仓。南宋庆元元年（1195年），朝廷在子城内设常平仓，"以借米麦"，为官府粮库。

到了元代，改为永丰库，作为官府收纳各项税赋和断没赃罚钞的场所。元至正《四明续志》载："差设官攒，收纳各名项断没赃罚钞及诸色课程，每季解省。"

明成化《宁波郡志》载："出纳库四座，以'文行忠信'字为号，今废。"根据记载，永丰库位于宋常平仓地基之上，明洪武初年与平准库合并。明洪武三年（1370年），更名为宏济库，由平准、永丰二库并为一库。

永丰库遗址是中国考古界最早发现的古代地方大型仓储遗址，永丰库遗址与"海上丝绸之路"有着千丝万缕的联系。作为港口城市，明州通过海上航线，将满载着陶瓷、丝绸、茶叶、梅园石等货物的商船驶向日本、高丽，以及中亚、西亚、南亚，甚至远至地中海、非洲地区。各地出土的大量陶瓷，汇聚了宋元时期我国不同区域的著名窑系，反映了这一时期宁波"海上丝绸之路"发展繁荣的历史见证，说明了宁波是我国古代"海上丝绸之路"的重要贸易港，也证实了宁波是我国古代海外贸易的始发港之一。

链接

2001年3月,宁波市准备对位于中山西路的原唐宋子城遗址进行建设,结果发现地下有文物遗存痕迹。2001年9月,宁波市文物考古研究所对此地进行了抢救性发掘,出土了大量遗迹和遗物。2002年3月,宁波市文物考古研究所再次对此地进行抢救性发掘,发现了布局相对完整的以元代庆元路永丰库为核心的宋元明时期大型衙署仓储机构遗址。

永丰库遗址位于城市中心地带,南起中山西路,北至府桥街,西接鼓楼及鼓楼商业步行街区,东邻蔡家弄。经发掘,揭露出以两处单体建筑基址为核心,以及砖砌甬道、庭院、排水明沟、水井、河道等与之相互联系、布局相对完整的宋元明时期大型衙署仓储机构遗址,并发现了汇集大多数宋元时期江南和中原地区著名窑系的陶瓷器产品等大量遗物。

永丰库遗址的两次抢救性发掘是宁波市历史上规模最大、成果最丰硕的一次城市考古发掘,是迄今为止宁波市范围内最重要的城市考古新发现。2003年,永丰库遗址被国家文物局评定为"2002年度中国十大考古新发现";2006年,永丰库遗址被国务院公布为第六批全国重点文物保护单位。

东钱湖:"海上陶瓷之路"源头之一

在隋唐时期,海上通道运送的主要大宗货物是丝绸,也正因如此这一通道被称为"海上丝绸之路"。宋元时期,瓷器成为主要出口货物,这一海上通道又被称为"海上陶瓷之路"。

明州,既是"海上丝绸之路"的出发地,又是"海上陶瓷之路"的重要始发港。

唐代后期,明州港不但成为我国极为重要的商港之一,而且还是大唐与日本、新罗开展东亚贸易的枢纽港之一。这一时期出现的"海上陶瓷之路",正是以明州为主要始发港,向东航行到日本,向南到马来半岛,向西到印度洋,并远达波斯湾、地中海等地,以及非洲各国。

东钱湖是一处风光秀丽、人文底蕴深厚的地方。王应麟在《东钱湖》一诗中描述道:"湖草青青湖水平,犹航西渡入空明。月波夜静银浮镜,霞屿春深锦作屏。"

从东汉晚期到南宋初期,东钱湖畔烧制青瓷的炉火熊熊燃烧了上千年。东钱湖窑场初创于东汉晚期,续烧于六朝时期,间断于隋至唐早期,复苏于唐代中晚期,兴盛于北宋早中期,衰落于北宋晚期,停烧于南宋。东钱湖周围的古窑场主要分为郭家峙区、上水区、下水区、东吴区、五乡区和西坞区六个窑区,主要用于烧制民用瓷,兼烧外销瓷、进贡瓷和定制瓷的越窑青瓷。

能够设置窑场的地方,需要得天独厚的自然条件:首先这一地方需要烧瓷原料充足,其次要交通便利。东钱湖周围有丰富的瓷土和水源,加之周边山上林木竹草为烧瓷提供了上好的原料。古代,从东钱湖由水路可通甬江达港口,交通十分方便。

烧制后的瓷器成品,一方面可通过东钱湖水路经甬江销往海外,另一方面可通过东钱湖水路经浙东运河直达内地。优越的自然环境、富饶的瓷业资源和便捷的水运交通，使东钱湖古窑场成为历史上越窑青瓷的三大生产中心之一。这里的瓷器也被称为"外销瓷"。

东钱湖的青瓷烧制史并不逊色于上林湖，尤其是在北宋时期。当时属于越州的上林湖，窑址已趋没落，而属于明州的东钱湖，青瓷的生产规模和产品质量都胜于上林湖。

明州是宋元时期国内瓷器销往东亚的第一大中转港。让人分外自豪的是，在当时，长沙窑和景德镇瓷器的外销，需要先沿内河通过长江，顺运河水道运抵明州，再由明州销往外地。

从某种意义上来说，正是河海联运的便利，促进了明州"海上陶瓷之路"的发展，成就了明州在"海上陶瓷之路"中的独特地位。

链接

20世纪50年代，浙江省开展全省文物普查，首次在东钱湖畔发现了郭家峙窑址，揭开了东钱湖古窑场考古与研究的序幕。据不完全统计，目前在东钱湖周边已发现东汉至唐宋时期的越窑青瓷窑址超过五十处，如郭家峙、郭童岙、韩岭、马山、上水、下水、官驿河头等。北宋时期，东钱湖沿岸陶瓷生产一度非常兴盛，当时环湖新建的窑址有小干岭、古文潭等六处。

东钱湖畔挖掘的青瓷产品工艺精湛，胎质釉色均属上乘，代表了所处时期的工艺水平，部分产品填补了越窑青瓷技艺的空白。从出土瓷片看，不少纹样被认为是中国早期外销瓷的代表工艺。

高丽使馆：国家级迎宾馆

高丽（918—1392年），又称高丽王朝、王氏高丽，定都开京（今朝鲜开城），是朝鲜半岛古代王朝之一。

高丽使馆，也称高丽使行馆、高丽贡使馆，是宁波与高丽往来的历史见证。我国与高丽的友好往来始于西汉。据史料记载，唐代以来，通过东亚"海上丝绸之路"，我国的政治制度、文化制度，以及服饰、音乐、绘画、科技、宗教等各个方面，开始广泛地传播、影响到朝鲜半岛乃至整个东亚地区。

北宋时期，中国与高丽之间的交往日益频繁。宋熙宁七年（1074年），因北方战乱导致交通阻塞，高丽便要求以明州为出入口岸。

宋元丰三年（1080年），宋帝下诏，将明州定为通往日本、高丽的始发港。自此，明州与高丽的交流更加频繁，更成为与高丽等国往来、贸易的唯一合法港口。当时，来宋朝朝贡的使者都是在明州登陆，然后再转杭州经运河到开封，即"朝贡南路"。

高丽使者和商团规模日趋庞大，到来日益频繁，宋政和七年（1117年），明州太守楼异奉宋徽宗旨意，在明州设置由知州亲自掌管的高丽司，又称来远局，管理与高丽往来的有关政务，并在月湖菊花洲创建了国家级迎宾馆——高丽使馆，以接待来使。

高丽使馆是宋朝在地方政府体系中唯一设立的开展外交往来的官职官僚机构，在宋朝与高丽的交往中发挥了巨大作用。

高丽使馆是朝廷为高丽使节提供的住宿、举办宴会、进行"贡赐贸易"的主要场所，其本质仍属宋朝驿站系统中的一部分。高丽使者来宋，一入国境，朝廷即颁发"馆券（通行证书）"，沿途各州、县按规定接送，为使者安排衣食住行，地方官员尚有陪伴使者游览当地名胜古迹和购买"土宜（土特产）"赠送之举。使者抵达京城后，则转由中央有关机构负责一切。使者完成使命后，朝廷还会派人陪同其参观京城名胜古迹、参加文体活动并设宴招待等。此外，朝廷还允许他们在一定范围内进行贸易，购买自身所需物资。

北宋时期，朝廷在京城建立了一批针对不同民族政权、地域与国别的迎宾馆。宋熙宁年间创置的中央同文馆，以及其后在明州创建的高丽使馆，都是专门用于接待高丽使者的国宾馆。这些作为朝廷招待中外使者、商团的馆舍，是民族交往和中外文化往来的窗口，有着重要的政治意义和经济意义。

从严格意义上来说，最早提议在明州建立高丽使馆的，是兢兢业业、一心为民的"唐宋八大家"之一的曾巩。

曾巩无论迁徙至哪一州任官，都十分关心当地的百姓，并帮助百姓解决民生疾苦。宋元丰二年（1079年），曾巩来到明州担任知州，其时年已六十。虽已至花甲之年，但曾巩政治思想开放，主张宽松的商业政策，鼓励发展对外贸易。有一次，一批高丽人"因风失船，漂流至泉州界，得捕鱼船援救全度，从此随捕鱼船，同力采捕，得食自给，后于泉州自陈，愿来明州，候有便船，却归本国"，曾巩对这些落难的高丽人给予了热情的接待。

曾巩还上奏朝廷说，高丽等国的船只，因为风势不佳，时有漂流至沿海诸州县，希望官府能有专门的屋舍安置高丽来客，并为他们管待酒食、置办衣物。

朝廷采纳了曾巩的建议，在明州月湖畔设置了专门接待外商的乐宾馆，用以招待高丽来使，让外商在异国他乡有了宾至如归的感觉。这一做法不仅用实际行动体现了我国礼仪之邦的风度，而且为北宋与邻邦和睦相处起到了积极的推动作用。

根据高丽使馆遗址碑记载，宋绍兴五年（1135年），该地为郡酒务（官方酒务机构）所用，使馆遂为历史遗迹。宋淳熙十年（1183年），越王史浩荣归故里，他为了珍藏宋高宗、宋孝宗御书，在高丽使馆遗址所在地建造了宝奎阁。

"奎"，在《康熙字典》中的解释是"二十八星宿之一"，古代皇帝的御书也被称为"奎文""奎章"等。

宋理宗年间，史浩的后人把宝奎阁和"奎主文昌"的说法联系起来，用以供奉文昌帝君。后宝奎阁损毁，其遗址上新建了宝奎庙，这一片便被称为宝奎里。明末，此处称宝奎巷。清代以来，这里多为官宦、富商宅第。

宝奎的地名一直沿用到今天，这里也是宁波迄今为止保存较为完好、面积较大且相对集中的明清建筑群。

明州地处东海之滨，高丽使馆是见证宋朝与外国进行政治、贸易往来的一处重要的文化遗存，其作为江南唯一一所高丽使馆，在当时的朝贡贸易中，有着举足轻重的地位。

延伸阅读

镇海有个近千年前的"涉外宾馆"，北宋时期，镇海（当时称为"定海"）县城东南有个航济亭，是宋朝用来接待高丽使者的驿亭。航济亭的原址位于招宝山街道百货大楼东南侧，目前立有石碑。宋元丰元年（1078年），北宋大学士安焘和陈睦乘坐两艘神舟，自定海起航，奉命出使高丽。这一年，朝廷在明州城内建造了乐宾馆，在定海县城东南建起航济亭，共同作为迎接和宴请高丽使者的场所。据记载，在航济亭尚存的五十余年间，共接待了十四批高丽使团。使团每次抵达，朝廷和地方官员均专程迎接，宴请款待之后，再由专人陪同使团乘坐龙舟转至明州，下榻高丽使馆。"亭"有驿亭的意思，相当于现在的涉外星级宾馆。

链接

1999年，在对月湖进行改造时，发现了建于宋政和七年（1117年）的高丽使馆遗址。遗址中清理出宋朝的建筑基址和郡酒务作坊等大量遗迹，出土了北宋时期典型越窑制品，此外还出土了"元丰通宝""政和通宝"钱币，以及高丽青瓷残片等文物。

天童寺：禅宗五大寺院之一

位于明州城东太白山麓的天童寺，是佛教临济宗的重要门庭，素有"东南佛国"的美誉，更是全国重点文物保护单位。

天童寺始建于西晋永康元年（300年）。相传，僧人义兴云游至会稽郡（今鄞州区）南山之东谷，因爱此地山水，于是在此地开山修建寺院。当时东谷附近并无人烟，却有一位童子每天前来帮助，为义兴送斋饭送水。一天，童子对义兴说："我是太白金星，大师笃于道行感动玉帝，玉帝命我化为童子前来护持左右……"由此，此山便以"太白"为名，此寺以"天童"为名。

天童寺坐落在层峦叠嶂的太白山下，"群峰抱一寺，一寺镇群峰"，天童寺东、西、北三方有六峰簇拥，背枕巍巍主峰太白峰。

天童寺屡有废毁，现存建筑多为清代重建。寺中的天王殿两侧有多间配殿，两边半封闭式的回廊可以确保行人若逢雨雪天气可穿行各殿畅通无阻，这一设计在我国现存庙宇建筑中实属少见。天童寺的藏经楼中设有佛堂，佛堂中悬挂着十余块赵朴初、王一亭等名家亲笔手书的匾额。

禅宗的发展在宋代日益昌盛，到了南宋，迎来鼎盛时期，天童寺成为禅宗名刹，为禅宗五大寺院之一。宋景德四年（1007年），宋真宗帝敕赐"天童景德禅寺"匾额。宋元丰八年（1085年），宋神宗赐僧惟白金紫衣一袭。宋建中靖国元年（1101年），宋徽宗为惟白所作《续灯录》，亲撰序言，并敕赐惟白"佛国禅师"号。宋建炎三年（1129年），寺内僧人常住千人以上，为天童寺中兴时期。宋绍兴四年（1134年），寺内建成了能容纳千人的僧堂。宋淳熙五年（1178年），宋孝宗题"太白名山"四字赐寺。宋绍熙四年（1193年），扩建千佛阁。宋嘉定年间（1208—1224年），天童禅寺被列为天下禅宗五山之第三山。

天童寺禅风远播海外，在东南亚各国影响很大，尤其是日本。天童寺是日本佛教主要流派曹洞宗的祖庭，在中日文化交流史上曾发挥过重要作用。宋绍熙四年（1193年），日本僧人千光荣西来天童寺求法。回国后，千光荣西创立日本临济宗，专程在日本采购大批木料返宋，襄助其师天童寺主持虚庵怀敞禅师扩建天童寺千佛阁。建成后的千佛阁，成为东南第一大殿。

随后数十年间，日本僧人不断来到天童寺参禅学法。宋宝庆元年（1225年），日本僧人道元抵达天童寺，随如净禅师研习三年，后来回国创立了日本曹洞宗，从此禅宗在日本正式弘传。此后，道元的弟子寒山、日本高僧彻通义解和无象静照也多次到访天童寺。被誉为日本画圣的雪舟曾在天童寺居住多年，创作了不少作品，被尊称为"天童第一座"。天童寺僧人亦多次到日本传播佛法，寂圆于日本福井县大野市创建了日本宝庆寺。如今，天童寺被尊为日本曹洞宗的祖庭，在中日佛教史上写下了重要的一页。

历经唐宋元明清，天童寺作为著名的禅宗道场，宏智正觉、长翁如净、密云圆悟等禅宗名僧都曾传法于此。禅宗后来分为南北两派，南派禅宗又分成曹洞、云门、法眼、沩印、临济五家。明洪武十五年（1382年），定名为天童禅寺，列天下禅宗五山之第二山。清代，天童寺与镇江金山寺、常州天宁寺、扬州高旻寺并称"禅宗四大丛林"。

王安石曾写诗赞美天童寺："山山桑柘绿浮空，春日莺啼谷口风。二十里松行欲尽，青山捧出梵王宫。"沙孟海曾作《宁波天童寺》："两浙仰禅林，首判玲珑古迹。四明称佛地，群推太白名山。"

延伸阅读

延庆寺

宋代是明州佛教思想发展的鼎盛时代。

延庆寺即"天台宗三大祖庭"（其余两者为国清寺、玉泉寺）之一，是在我国佛教史上产生过重大影响的寺院。

延庆寺建于五代后周广顺三年（953年），位于今海曙区灵桥路与解放南路交汇处。延庆寺原名报恩院，宋大中祥符三年（1010年），改名延庆寺。

北宋初年，高丽王子宝云义通继承天台宗法后，在宁波宝云寺（遗址在今云石街附近）弘传教义，被尊为"天台宗十六祖"。

后经四明学者、"天台宗十七祖"知礼法师在延庆寺主持讲席，继续弘传教义，使天台宗在宋代得以中兴。由此，延庆寺遂成为天台宗中兴道场和天台宗祖庭之一，也是著名的"四明古刹"之一。

观宗寺

观宗寺位于今海曙区解放南路延庆巷。

宋元丰年间（1078—1085年），观宗寺从延庆寺中分离出来。民国初年，天台宗泰斗谛闲法师任住持，将寺命名为观宗讲寺，谛闲法师在此弘扬天台宗教义，设立观宗学社，创办四明佛学院，一时颇为兴盛。观宗寺由此成为近代我国天台宗的活动中心之一。

灵峰寺

灵峰寺位于今北仑区大碶街道灵峰山。

灵峰寺是闻名遐迩的浙东佛教圣地，是佛教、道教结合的千年古刹。灵峰寺的历史最初可追溯到东晋咸和二年（327年），葛洪到此炼丹，南北朝时正式建寺。宋治平元年（1064年），朝廷赐匾额"灵峰禅寺"，民间称其为"第一灵山"。灵峰寺与天童寺、古阿育王寺齐名，为"宁波三大名寺"之一。

龙泉寺

龙泉寺位于今余姚市龙泉山南麓。

据史料记载，龙泉寺始建于东晋咸康二年（336年），与杭州灵隐寺年代相近，与宁波天童寺同为浙东名刹。

从建寺直至唐初，龙泉寺一直梵音悠扬。宋建炎三年（1129年），金兵追宋高宗赵构，途经余姚，龙泉寺惨遭焚毁。次年，金兵北退，赵构从明州返回越州，途中曾驻跸龙泉山，赵构尝龙泉山井水后感觉非常甘甜，就随带了小瓮井水回临安。不久后，朝廷便赐金重建了龙泉寺。

时代价值

海定则波宁,向东是大海。

不论是由州到府新跨越的庆元,还是南宋最经典城市的明州,不论是接轨内外贸易的黄金水道的大运河,还是海上贸易东海航线中心港的明州港,这些放眼天下的海外贸易,无不体现着海洋宋韵。

在我国历史上,宋代是一个经济快速发展的时代,传统经济开始向现代经济转变,商品经济非常活跃,经济活动的开放程度和专业分工程度越来越高,农业、手工业、商业、城市、货币经济、海外贸易等方面都取得了长足的进步,由此开创了新的历史时期。

宋代繁荣的商品经济为市场经济的发展打下了基础,也成为当代民营经济崛起的历史根源,宋代富于创新的改革精神也成为当代改革开放的历史动力。宋代变革中蕴含的改革精神,包含了现代经济革新的因素,闪烁着智慧的光芒,也对推进改革开放提供了重要的借鉴作用。

第二章 志士仁臣：致君尧舜的新士大夫

诗话导言

众乐亭诗（二首）

钱公辅

其一

谁把江湖付此翁？江湖更在广城中。
葺成世界三千景，占得鹏天九万风。
宴豆四时喧画鼓，游人两岸跨长虹。
它年若数东南胜，须作蓬丘第一宫。

其二

势压平湖四面佳，好风明月是生涯。
鲸鲵背上浮三岛，菡萏香中放两衙。
屏列已疑云母净，帘垂不待水精奢。
此心会笑元丞相，终日楼台为一家。

"士大夫"包含"士"和"大夫"，源于西周——在分封制中出现了士和大夫的贵族阶层。从魏晋到唐，具有一定文化知识而入仕的士人数量大增，士大夫逐渐成为文臣的专称。

著名史学家陈寅恪曾这样评说："华夏民族之文化，历数千载之演进，造极于赵宋之世。"陈寅恪所说的"造极"的"赵宋之世"，主要是指宋仁宗统治时期。宋仁宗在位中后期，宋代的政治、经济、文化都获得长足发展，呈现出一种朝气蓬勃的面貌，因而被称为"嘉祐之治"。

两宋时期，政治和文化都达到了古代巅峰，将我国社会带入了一个全新的"准近现代时期"。这一伟大成就的实现，与宋代士大夫阶层的形成，以及他们在政治文化领域的特殊作为与贡献紧密相连；同时，科举为南宋时期明州各大家族的崛起，以及各大家族的兴盛创造了合法可行的途径。

两宋时期，科举制度造就了大批以科举入仕的士大夫。他们既承担文化创造、行政管理的双重职责，又承担着社会教化职能。士大夫在各方面工作的高度自觉中凝聚了高尚的情怀追求，塑造了别具一格的士大夫精神"圣贤气象"，将整个国家带入了一个拥有高尚理想与信仰的时代。这些士大夫既有勇于承担社会责任的博大胸襟，又有很强的忧患意识。皇帝与士大夫共治天下，极大地激发了广大知识分子的聪明才智。

南宋以来，形成了科举社会"庆元模式"，明州以其深厚的文化底蕴和地近京畿的有利条件，有许多士人通过科举进入士大夫行列，他们重视道德操守、肩负家国情怀、忠君爱国、严于律己。朝廷也给了更多的人以施展才华的空间和平台，促进人们最大限度地实现自我价值。

王安石：治鄞贡献最大的外地官员

王安石并不是鄞县人，但却在这里留下了一串串闪光的足迹，竖起了一块历史的丰碑，开创了一个崭新的时代。

王安石（1021—1086年），字介甫，号半山，临川（今江西抚州临川）人，北宋宰相，著名的思想家、政治家、文学家、改革家。赠太傅，获谥文，故世称"王文公"。

宋仁宗庆历年间，王安石来到鄞县担任县令。关于王安石到鄞县担任县令的缘由，有三种说法：一说王安石考中状元后，鄞县县令是朝廷给他安排的第一个官职；另一说王安石接到县令任命时已担任淮南签判三年，"清闲得不知当官是什么滋味"；还有一说王安石当时在扬州淮南节度判官任上，却主动放弃"馆职京城"的机会，要求到地方工作。

当时的情况是，一边是相对繁华的淮南，一边是穷僻闭塞的滨海小城。无论是什么原因，时年二十六岁的王安石成为鄞县建县以来最年轻的县官是不争的事实。随后，王安石开始了被后世称赞为"在鄞仅千日，影响一千年"的政治生涯，写下了千古佳话。

王安石同许多官员一样，走的也是读书考进士的路子。不同的是，他从考中进士那天开始，就立下志向：要为天下老百姓办实事。他的许多治国思想和做法最初就是从鄞县起步的。

关于王安石来到鄞县的准确时间，根据历史记载，应为庆历七年四月十七日（1047年5月14日），王安石年仅二十六岁。

上任七天后,王安石便做出了一个重大的决定:他要到自己即将施政的鄞县各乡走一遍。他知道,不了解情况,就难以当好父母官。这一次实地调查对王安石来说,大有收获。王安石在《上杜学士言开河书》中写道:"鄞之地邑,跨负江海,水有所去,故人无水忧。"著名的《鄞县经游记》中留下了他在鄞县各地调查的足迹。

王安石马不停蹄地率领十余万老百姓整修东钱湖,除葑草、立湖界、起堤堰、决陂塘,整修七个湖堰,不但解决了湖区周围及鄞县镇海七乡老百姓的水旱之苦,而且让恶地喜变良田。王安石不仅兴修水利,而且以低息贷谷于民,组建联保,平抑物价。

岁月有情,后人讲起王安石,无不称赞他是一位勤政的地方官:细察民情、运筹方略、兴修水利、平抑物价、清理存粮、救济灾民……这些都是他在这片土地上做的一个个小实验,为他以后大手笔的革新变法奠定了坚实的基础。这次实验无疑是成功的,这次成功让他坚定了改革的信念,"青苗法"等改革措施也成为后来"熙宁变法"的重要内容。

清代诗人陈勋在《读王荆公鄞县经游记有感》一诗中赞道:"荆公宰吾鄞,学校振士风。石台足师表,楼王皆儒宗。留心及水利,经游详记中。旱涝切民瘼,往返劳行踪。当时青苗法,实惠遍村农。"

对鄞县来说,王安石对当地最大的贡献是在教育领域。王安石首创县学、延聘名师、培养人才,开启四明学风,真正将教育落到实处,推动了兴学运动的蓬勃发展,开创了"教育与知识"的光辉时代。

在王安石的倡导下,鄞县形成了官学、书院、蒙学三大教学系统,云集了来自全国各地著名的哲学家和教育家,师资力量雄厚。王安石兴学取得了显著的成效,鄞县在科举中首次出现了进士。

王安石还在县治的后圃筑有西亭,种植了许多花竹,公务之余常来这里读书、散心,王安石的《观明州图》中便有"尚记西亭一舣船"句。"山根移竹水边栽,已见新篁破嫩苔。可惜主人官便满,无因长向此徘徊。"短短的三年任期就要满了,王安石独自在西亭徘徊吟诗,心怀不舍。

而王安石在鄞县最舍不得的地方,是离西亭不远的祖关山。那里,埋葬着他的爱女。

王安石来到鄞县的当年，夫人生下了一个可爱的女儿，为王安石长女。因住宅旁有木槿花，且女儿生于鄞县，故王安石为女儿取名"王堇"，小名"鄞女"，寓"鄞县的女儿"之意。鄞女乖巧可爱，王安石夫妇对其十分钟爱。谁知第二年六月，鄞女便因一场重病夭折了。王安石夫妇悲痛欲绝，最后将女儿安葬在鄞县南郊崇法寺西北的松林中，人称"鄞女坟"。

王安石调离鄞县时，与女儿进行了一场感天动地的告别。临行前的一天夜里，王安石坐着小船来到崇法寺与女儿诀别。在女儿的坟前，王安石吟读了让人潸然泪下的离别诗《别鄞女》："行年三十已衰翁，满眼忧伤只自攻。今夜扁舟来诀汝，死生从此各西东。"王安石就这样把心爱的女儿永远地留在了鄞县，以后再也没有机会回到鄞县来看望。老百姓感念王安石的功绩，建造了鄞女亭，以纪念王安石和他的女儿。

东钱湖历史上出过无数杰出的人物，也留下了许多名胜古迹，仅为纪念整治东钱湖有功于民的官宦的庙宇、祠堂就有多处，其中纪念王安石的忠应庙和灵佑庙最为壮观。

忠应庙位于东钱湖东岸下水村，前有蝴蝶山和二灵山左右护持，两山间一泓碧水形成下水港湾。忠应庙建造于清嘉庆年间，民间称其"王安石庙"。距忠应庙千米左右的绿野村，有灵佑庙。

据《鄞县通志》记载，祭祀王安石的庙宇原本只有一座，位于深山之中，祭祀不便且年久失修，当地老百姓便商议重建庙宇。下水、绿野两村村民争相在本村建造庙宇，最终下水抢得王安石像，绿野争得王安石神主牌位。老百姓对王安石的爱戴之情可见一斑。

王安石还是"唐宋八大家"之一，在他留下的众多作品中，流传最广的要数《登飞来峰》："飞来峰上千寻塔，闻说鸡鸣见日升。不畏浮云遮望眼，自缘身在最高层。"

王安石在鄞县任职时间虽只有短短三载，但大兴水利、政务改革、兴办县学，让老百姓永远铭记着他。他留下的海塘、湖堤、河碶，他留下的碧波万顷的东钱湖，他留下的县学门舍，无不向一代代后人讲述着他——一个胸怀大志、脚踏实地的为民之官——的故事。

谢景初："吴越四贤"之一

北宋庆历年间，谢景初任余姚知县，其与明州鄞县知县王安石、杭州钱塘知县韩玉汝、越州会稽知县谢景平（谢景初二弟）四人被时人誉为"吴越四贤"。

谢景初（1020—1084年），字师厚，号今是翁，浙江富阳人，北宋文学家黄庭坚的岳父。谢景初出生于官宦之家，祖上几代皆为达官显贵，更有"一门三代六进士"的美名传世。

谢景初的祖父谢涛，宋淳化三年（992年）进士，官至太子宾客。谢涛二十岁时已因文才出名，喜诗词，与范仲淹、欧阳修等为要好的文友，常相互交游，时有唱和。

谢景初的父亲谢绛，宋大中祥符八年（1015年）进士，官至太子宾客，曾任知制诰（相当于皇帝的秘书），共有四子六女。在一次游览中岳嵩山的赋诗活动中，谢绛被推为"文章魁首"，后人评价其为改变唐末五代以来浮艳诗风的首创人之一。

虽然出身官宦世家，但是谢景初仍旧是个勤勉苦读的读书人。谢景初七岁能文，十三岁通义，少年时期便显露出其敏学博闻、才智突出、博学擅诗、多才多艺的一面。祖父谢涛看在眼里、喜在心头，曾欣喜地对谢绛说："此儿必大吾门。"当时，谢绛任河南通判，他的好友欧阳修等大文豪凡看过谢景初的文章都啧啧称奇，称赞其为"神童"。

后来，谢景初亦与范仲淹、欧阳修、梅尧臣等大文豪成为忘年之交、酬唱之友。

谢景初兄弟四人，除小弟谢景回早亡外，其他兄弟都进士及第。在宋代，中高级官员有一项特殊福利，官员家中至少一名子侄可不经考试直接授予官职。这是皇帝给官僚阶层的特别恩惠，即"恩荫"制度。

谢景初作为一位有志又有才的青年，"不凭父荫，却要拼才学"。他通过层层科举考试，成为宋庆历六年（1046年）进士，授大理评事。

宋庆历七年（1047年），二十七岁的谢景初即将赴余姚任知县。临行前，范仲淹特题诗《送谢景初迁凭宰馀姚》相送："世德践甲科，青紫信可拾。故乡特荣辉，高门复树立。余姚二山下，东南最名邑。烟水万人家，熙熙自翔集。又得贤大夫，坐堂恩信敷。春风为君来，绿波满平湖。……"

谢景初是一位贤官，史书称其"视民如子，民所利害，相缓急为设方略，务在利之"，其人品、官德受到了后人的效仿颂扬。谢景初和时任鄞州县令的王安石均被吴越一带地方官员奉为楷模。

当时余姚境内有三十多个湖泊，当地豪强盛行霸占湖泊围垦造田，严重影响了农田灌溉。谢景初上任后，亲自到各湖泊周围查勘测量，将湖泊详细登记在册，制定了有关湖泊用水的地方法规《湖经》，平息并杜绝了各种纠纷。

谢景初还在余姚修建长堤。余姚北部濒临杭州湾，因为杭州湾是著名的强潮河口，潮位高，潮差大。特别是每年七八月份，天文大潮与台风引发的风暴相遇时，往往导致海堤冲决，田庐淹没，给沿海民众带来严重的灾难。谢景初上任后心系民众的安危，宋庆历七年（1047年）十一月，他带领老百姓开筑姚北云柯至上林洋浦之间的官塘——大古塘。在谢景初的指挥下，大古塘次年如期竣工。这是杭州湾南岸第一条官方组织修筑的姚北捍海长堤，保证了湖田和运河的正常灌溉和运输。当地老百姓至今对大古塘怀有深深的敬意，称大古塘为"英雄塘"，因筑塘而挖掘的大塘河则被称为"母亲河"。

长堤完工后，谢景初请鄞县知县王安石撰写了《余姚县海塘记》："自云柯而南，至于某，有堤若干尺，截然令海水之潮汐不得冒其旁田者，知县事谢君为之也。……"文中对筑堤之举及谢知县的执政理念多有褒扬。

除了政客的身份，谢景初博学能文，尤长于诗。他曾设计制造出新颖雅致的书信专用纸，史称"谢公笺"。

谢景初更是一位诗人，为我国诗坛留下了诸多佳作，其中传诵较广的为《寻余姚上林湖山》：

山水有奇秀，何必耳目亲。
兹地世未知，仙游良可珍。
平湖瞰其中，翠巘围四垠。
青松千万植，落瀑如悬巾。
佛庙耸殿塔，装点绘图新。
清溪与断崖，水石声磷磷。
峰巅见沧海，日出常先晨。
花草时节异，宁问秋夏春。
陵谷千万石，岂无答道人。
德微言不信，又恐远故埋。
樽酒且乐我，醉来事事均。

第二章 ❋ 志士仁臣：致君尧舜的新士大夫

四明史氏：南宋最大的名门望族

说起宋史，尤其是南宋史，少不了提到明州，因为这里出现了太多重要的家族和人物。南宋一朝，若说世家，四明史氏占据着不可或缺的地位。

南宋四明史氏，也称"四明史氏家族""四明史氏""明州史氏""鄞县史氏"等。

后晋天福四年（939年），四明史氏第一代史惟则从江苏溧阳南迁到明州，后来，史惟则的后裔史成带着其子史简迁至东钱湖畔，史简之子史诏又从官驿河头来到了下水村。史氏家族的出现，在下水村的历史上留下了浓墨重彩的一笔。

自宋徽宗以降的一百六十年间，史氏家族共有数十人高中进士，三人官至丞相，六人官至六部尚书，在朝廷内外担任官职的超过二百人。在南宋百余年间，这个家族从一户普通人家发展成名门望族，出现了父子同进士、兄弟同进士、三代同宰相的盛况，至今民间仍有"一门三宰相，四世两封王，五尚书，七十二进士""满朝文武，半出史家"的谚语流传。

"三宰相"，即史浩、史弥远、史嵩之。祖孙三代为相，让这个家族成为南宋最大的名门望族。

"两封王"，即史浩被朝廷追封为"越王"，史浩三子史弥远被朝廷追封为"卫王"。

"五尚书"，即史弥坚（兵部）、史宅之（户部）、史岩之（吏部）、史宇之（工部）、史宣之（兵部）。

使史家开始发迹的是史诏的次子史师才。史师才（？—1162年），史氏家族中首个考取进士功名步入仕途的人，遗憾的是其政声不佳。

真正使这个家族崛起的是史浩。

史浩（1106—1194 年），字直翁，宋绍兴十五年（1145 年）进士。宋孝宗隆兴、淳熙年间，史浩两入为相，后被朝廷追封为越王，为四明史氏家族在南宋科场和政坛树立了新的形象和地位，开拓了四明史氏家族的辉煌基业，是四明史氏家族的骄傲。

史浩共有四子：史弥大、史弥正、史弥远、史弥坚，均步入政坛。长子史弥大，天资聪慧，早年考中进士入仕途，官至礼部侍郎、太子侍读，但不幸英年早逝。二子史弥正，累官至浙东提刑。三子史弥远，颇有才智，是宋宁宗时右丞相，封鲁国公，封会稽郡王，追封卫王，谥忠献。四子史弥坚，官至兵部侍郎，去世后宋宁宗追谥为忠宣，赠资政殿大学士，并赐世忠寺为史家家庙及家族墓葬区。

史浩的四弟史源之子史弥宁擅诗，官至淮东转运使，是当时著名的诗人。

史浩的堂弟史渐，四十岁入太学，所生七子，五人中进士，累封赠至太师齐国公。史渐长子史弥忠，字良叔，宋淳熙十四年（1187 年）进士，知庐陵、守吉州、提举福建盐茶，有政声。史弥忠去世后，赠少师，封郑国公。史渐次子史弥巩，宋嘉定十年（1217 年）进士。父子三人在各地担任官职，均有好的政声。

史浩的后辈中，更是人才辈出。史守之，中年隐居家乡月湖，闭门藏书讲学，为当时一大藏书家。史嵩之，为宋理宗时左丞相（四明史氏家族中第三位宰相），他一生耿直，颇受士大夫盛赞，对军事有远谋亦有才干，指挥战斗，联蒙攻金，被封为鲁国公、永国公，谥庄肃。史岩之，宋嘉定十年（1217 年）进士，资政殿大学士、银青光禄大夫。

南宋四明史氏家族从进士起家，一跃成为南宋望族，是宋代文官政治下通过科举白手起家的显贵家族的典范，在南宋政坛上具有非凡的影响力。史氏一门不仅在政治上影响巨大，而且在文学上多有建树。自史浩后，四明史氏文脉绵延，培养出了不少文化人才，其中可圈可点的就有史涓、史弥宁、史弥远等。

一部南宋四明史氏家族史，就是南宋历史的一个缩影。

史浩：史氏家族首位宰相

史浩（1106—1194年），字直翁，鄞县人，南宋宰相，老成谋国，政治上多有建树。

由于父亲很早去世，作为长子的史浩从小就体会到了生活的种种艰辛，于是发奋读书，凭自己的真才实学步入仕途。

史浩步入仕途后，他的聪明才智和对大局的把控能力，深得宋高宗赵构的嘉许和赏识。史浩更是强调要"立天下之大本，平天下之隐难，收天下之人望，伸天下之直气"。

宋高宗想在普安和恩平二子中选一个做太子，指定史浩和另一个大臣分别担任两人的老师，史浩便是普安的老师。史浩除教普安必要的文化知识外，还指导他练习书法、绘画，而最重要的则是教其做人做事的道理。在史浩的教导下，普安不论书法水平，还是文化知识，抑或治理国家的能力，都大有长进。最终，普安被立为太子。普安就是赵昚，即后来的宋孝宗。

宋绍兴三十二年（1162年），宋孝宗赵昚即位，史浩任参知政事。宋隆兴元年（1163年），史浩拜尚书右仆射。后来，史浩升为宰相。史浩向宋孝宗献上了十六字的治国方略："内修政事，外固疆圉，上收人才，下裕民力。"

史浩担任宰相后，为转变国内的政治形势，他率先辨赵鼎、李光无罪，随后为岳飞平反。有一次，宋孝宗问老师史浩："现在有哪些大事要办？"史浩说："最当紧的一件大事，是顺应民心为岳飞平反昭雪，奠定一代明君的历史地位。"宋孝宗当即下诏，追复岳飞和岳云的官爵，并命人将岳飞尸骨找出来，以官礼改葬在杭州西子湖畔的栖霞岭上，至此岳飞一案完全平反昭雪。为岳飞平反，成为史浩担任宰相后的一大政绩，他也因此名垂史册。

在史浩的努力下，一些被降职或罢免的抗金将士一一被召回朝廷。史浩此举既张扬了士气，又振奋了民心。

史浩为政几十年，不问亲疏，大力举荐人才。他举荐的人才不仅数量相当可观，而且都是一流的学者，比如陆游、朱熹、杨简、陆九渊、张浚等。

在史浩眼里，陆游是一个文武兼备、立志报国的才俊，是南宋中兴的栋梁之材。朱熹兴办书院，开展文化教育，从治国理念的高度上解决了南宋朝廷没有统一的思想理论的问题。张浚本就是史浩的学生，文韬武略，更重要的是他有兴兵戎武的报国志向。在史浩的大力举荐下，宋孝宗发现张浚的才华，任命他为枢密使，掌管军队大权。

史浩不但是治国能臣，更是儒学名流，他的思想和实践都建立在儒学的基础之上，其所作的《忠定王家训》更提出史氏家族"八行垂训"：孝、友、睦、姻、任、恤、中、和。

史浩治学严谨，著述甚富，也非常重视教育，强调择师的重要性。他撰有《尚书讲义》等著作，其最有价值的是创作的诗词。史浩的词作，虽大多数为官场应酬之作，但也反映了南宋词坛当时的风气。此外，史浩的文集中还保存了许多不易见到的宋代大曲的歌词，是研究唐宋以来舞曲的极为可贵的史料，有《鄮峰真隐词曲》一部存世。

小贴士

宁波人为什么在八月十六过中秋？有一种说法是，当时南宋的首都在临安，史浩年年中秋都从京城回宁波与母亲团聚。有一年，因事耽误，无法及时赶回宁波，只能在绍兴夜宿一宿，第二天才回到家中，谁知全家人还在等他回来过节。从此，宁波人就把中秋节延后一天，全家人在八月十六共度中秋。

钱公辅：月湖风物创始人

位于明州城西南隅的月湖，别称"西湖""鉴湖"，堪称宁波的"母亲湖"。

月湖被称赞为"历史之湖""文化之湖""名城明珠""浙东邹鲁"，和一个人不无关系，这就是疏浚月湖、修筑偃月堤、在柳汀岛上修筑众乐亭的钱公辅。

钱公辅（1021—1072年），字君倚，武进（今江苏常州）人，宋皇祐元年（1049年）进士，历越州通判，明州知州等。

从唐贞观到宋初，月湖基本上一直属于"野蛮生长"期，地方官只负责维护月湖水系的通畅，而钱公辅是第一个在月湖上建造景观的人。

钱公辅建造的一处景观叫偃月堤。

偃月堤原称"蔡家滩"。宋嘉祐年间，钱公辅郡守明州，发现月湖淤塞，于是组织人力挖淤泥屯土修堤，"作堤其上，可以引辘轳注水"，据说，当年偃月堤的地势伸出河中，圆转如月，故名"偃月"。钱公辅对柳汀一带做了大规模整修，使这里成为月湖理水造景的点睛之笔。

当时月湖之水既通南塘河又通西塘河，循着西塘河而行，经高桥出大西坝，通上虞，接杭城。那时候，宋代官船可以驶入月湖，偃月堤便成了系船下锚之处。

月湖西岸有依傍着月湖十洲中的雪汀和芙蓉洲的偃月街，偃月街因偃月堤而得名。虽然明州在宋代是一个港城，但对于期盼着安居乐业的老百姓来说，烟火气息浓郁的月湖才是他们可以触摸到的生活。

偃月堤上原有红莲阁，到了宋代成为明州郡酒务，为的是方便取月湖之水。月湖的水，源自四明山，清冽甘醇，是酿酒的佳选。宋代的明州老酒堪比绍兴的鉴湖酒，蜚声海内外。清全祖望《湖语》中记载："月湖北有酿泉，其甘如蜜……贡之天子，御尊列之。"

钱公辅修筑偃月堤后，在堤上栽花植柳，又在柳汀、憧憧两桥间建起了众乐亭，亭名取《孟子》"独乐乐不如众乐乐"之意。钱公辅《众乐亭诗》序中写道："众乐亭居南湖之中，南湖又居城之中，望之真方丈、瀛洲焉。以其近而易至，四时胜赏，得以与民共之。"与民同乐正是钱公辅的为官理念。

众乐亭真正获得名气是在钱公辅离开明州到京城任职之后。宋嘉祐六年（1061年），钱公辅从明州离任入职汴京。有一天，他忽然思念起月湖，想起众乐亭来，于是马上作《众乐亭诗》两首，并写了一篇诗序，广邀酬和。

其一

谁把江湖付此翁？江湖更在广城中。
葺成世界三千景，占得鹏天九万风。
宴豆四时喧画鼓，游人两岸跨长虹。
它年若数东南胜，须作蓬丘第一宫。

其二

势压平湖四面佳，好风明月是生涯。
鲸鲵背上浮三岛，菡萏香中放两衙。
屏列已疑云母净，帘垂不待水精奢。
此心会笑元丞相，终日楼台为一家。

王安石与钱公辅同年出生，二人关系不错，且王安石也曾在明州工作三载，于是欣然提笔，和诗一首《明州钱君倚众乐亭》：

使君幕府开东部，名高海曲人知慕。
叙船谈笑政即成，洗涤山川作嘉趣。

平泉浩荡银河注，想见明星弄机杼。
载沙筑成天上路，投虹为桥取孤屿。
扫除荆棘水中央，碧瓦朱甍随指顾。
春风满城金版舫，来看置酒新亭上。
百女吹笙彩凤悲，一夫伐鼓灵鼍壮。
安期羡门相与游，方丈蓬莱不更求。
酒酣忽跨鲸鱼去，陈迹空令此地留。

随后，一大批朝中学士，如司马光、邵亢、吴中复、郑獬、吴充、王益柔、张伯玉、陈舜俞、胡宗愈等，都纷纷唱和，众乐亭美名盛极一时。

正是钱公辅倡导的众乐亭唱和，揭开了月湖吟咏的风气。大家既肯定了钱公辅的政治理念，又对钱公辅诗中的月湖表达了向往之情。其中，司马光的名句"风月逢知己，湖山得主人"便源于此次诗歌唱和。

对月湖来说，钱公辅是一个具有划时代意义的人，堪称月湖风物创始人、真正意义上的月湖景观的开辟者。

延伸阅读

清中叶，偃月堤旁有一幢童氏宅邸，主人童槐、童华父子二人官居要职，精通书法和山水画。童氏父子将偃月堤堤岸改用整齐的条石砌成弯弓形状，颇为美观。

偃月街最北段旧名醋务桥，桥下河道是月湖通往望京门的主航道，稍往南一点叫锦里桥西巷（青石口桥）和广盈仓巷。这些地段原俗称"醋务桥下""水仙庙跟""虹桥头"。1934年，更名为"偃月街"。

偃月街水仙庙对面有古崇教寺。清光绪二十四年（1898年），宁波知府程云俶与士绅严信厚等人在崇教寺内创办储才学堂。1904年，储才学堂改名为宁波府中学堂。1937年，在古崇教寺原址上创办了醋务桥小学，中华人民共和国成立后改名为偃月街小学。

陈禾：北宋"屠龙"御史

陈禾（？—1129），字秀实，鄞县（今浙江省宁波市鄞州区姜山镇走马塘村）人，一生耿直，后世称其北宋"屠龙"御史、"铁笔御史"之首。

陈禾为走马塘陈氏家族四世祖，是陈氏家族后代中最负盛名的一位，他始终秉承着"读书为重，次即农桑，取之有道，工贾何妨"的家风家训，被史学家全祖望列为"走马塘村陈氏第一望"。

宋元符三年（1100年），陈禾考中进士。初调郓州司法，审理平反数件死囚冤案，部使者荐于朝，宋崇宁元年（1102年）遂任淮州教授。次年改婺州，召入升太学正和辟雍（北宋太学名称）博士。当时北宋的学术流派以传注记问为主，陈禾在学术方面崇尚义理、反对浮华的文学，因为在宋徽宗召对时答问很合皇帝的心意，擢升为监察御史。宋崇宁四年（1105年），升任殿中侍御史。宋大观元年（1107年），陈禾担任给事中一职。

宋崇宁二年（1103年），权相蔡京为解决财政困境，开始铸造崇宁通宝和崇宁重宝折十对钱，以掠夺百姓财富，造成物价高涨、私铸成风。蔡京为了强行推行折十对钱、打击政敌，借苏州一起盗铸钱案，强把章縡入罪，并派开封府尹李孝寿审讯。李孝寿穷治大狱，株连到很多反对蔡京的士大夫，陈禾上疏请求罢免李孝寿。蔡京的儿子蔡耣当时任太常少卿，何执中的女婿蔡芝担任将作监，也都上疏请求将李孝寿治罪，最终皇帝下令将李孝寿罢官。

北宋由于长期处于和平环境，军事力量比较薄弱。陈禾针对这种情况，上书请求朝廷增加守备的军队、修补城墙堡垒，用以防备外患。但他的意见没有受到朝廷的重视。

宋大观元年（1107年），陈禾升任给事中。当时权宦童贯的权势越来越大，和黄经臣一起执掌大权，士大夫们因畏惧他们俱不敢言。陈禾没有接受给事中的任命，上书直言弹劾童贯，接着弹劾黄经臣。陈禾论奏还没结束，宋徽宗就恼怒地拂衣而起，准备离开。陈禾上前拉住宋徽宗的衣服，请求皇上听完他的话。情急之下，他把宋徽宗的衣袖撕破，宋徽宗大怒。陈禾说："陛下不惜被撕破衣服，我难道敢吝惜用头颅来报答陛下吗？"宋徽宗一改恼怒的脸色："你能这样尽心进言，我还有什么可忧虑的呢？"宋徽宗最终回绝了内侍更换衣服的请求，欣慰地说："留着这件破衣，用来表彰正直的大臣。"

遗憾的是，第二天，童贯等人轮番上奏弹劾陈禾。在他们的蛊惑下，宋徽宗下诏把陈禾贬为信州（今江西上饶）监酒。后来，遇到大赦天下，陈禾回到家乡，在东钱湖二灵山筑二灵山房讲学授徒，著书立说。

宋建炎三年（1129年），朝廷重新起用陈禾，但任命刚下达陈禾就去世了。陈禾死后葬于东钱湖二灵山。《宋史·陈禾传》称赞其："禾性不苟合，立朝挺挺有风操。"

宋嘉定二年（1209年），陈禾之孙陈缙奏请朝廷，陈禾被追赠为中大夫，谥号文介，后追赠颖川郡公，宋徽宗御赐村名"忠孝里"。从此，来往的官员、行人但凡经过忠孝里，无论品级高低，都要步行或牵马走过护村河畔荷花塘。于是忠孝里改名"走马塘"，一直沿用至今。

延伸阅读

走马塘：中国进士第一村

明州城南，奉化江支流东江畔，有一个自北宋至明清经历过千年科举制度的古村落，里面住着崇尚"学而优则仕"的陈氏家族，这就是位于宁波市鄞州区茅山镇、被誉为"中国进士第一村"的走马塘。

走马塘又称"先生塘"。据历史记载，走马塘村始建于北宋端拱年间（988年）。北宋开宝四年（971年），江苏长洲人陈矜中进士后，于北宋端拱元年（988年）任明州知府。陈矜为官期间，勤政爱民，兴修水利，造福一方。陈矜死后，老百姓将他葬于茅山，并在奉化方桥建庙祭拜。后来，陈矜的儿子陈轩担任明州录事。为替父亲守孝，陈轩便携家眷定居在走马塘，繁衍生息，至今已近四十代，陈氏家族渐渐成为远近闻名的望族。

走马塘人杰地灵、民风淳朴，素有"四明古郡，文献之邦，江山之胜，水陆之饶"的美誉。据不完全统计，自北宋至明清，走马塘村共走出进士七十六人，另有四位尚书、七位大夫、七位翰林、八位侍郎、九位大学士。走马塘村也因此被誉为"中国进士第一村"。

陈氏宗祠上"遗忠堂"的匾额为南宋皇帝宋理宗赵昀所赐，宗祠门柱上"直声振赵宋，忠节耀朱明"、堂屋中"祖孙三学士，父子两侍郎"等楹联，都是对历代陈氏先贤的褒奖。陈氏一门忠烈：陈矜勤政爱民，兴修水利；陈禾刚正不阿，舍身直谏；陈曦清廉俭朴，严守发纪；陈大寅城陷不降，与城同亡。

瞻衮堂是十三世观孙公为纪念先祖四世文介公陈禾所建，三合院式，硬山式，正堂三开间。始建于宋元时朝，明嘉靖二年（1523年）遭火焚，后重建。瞻衮堂意为瞻仰陈禾公直言极谏。

新陈氏宗祠始建于宋代，坐北朝南，四合院式，硬山式，正堂三开间。清代因火灾而毁，后在原址上重建，故称新祠堂。

祠堂西面有护村河——君子河。君子河虽是一段普通的南北向水塘，但却隐含着陈姓祖先对后代读书、做人的期盼："凡从这里走出的陈氏子孙，一定要成为堂堂正正的君子。"

走马塘村中长排的院落是中新屋大院，建于清代中晚期，是村中陈姓望族的聚居地之一。院前是一潭开阔的池塘，每到夏天，翠绿的荷叶伸出水面，粉白的荷花满塘盛放。池塘中别出心裁地横有两条石砌的独板桥，据说这是陈氏先人治家理念的形象化表达：门风正直，出淤泥而不染。

走马塘村是一个极具耕读传家特色的江南村落，"求学为志，人文蔚起，名振朝纲"等祖训造就了声名显赫的陈氏家族。

2005年8月，走马塘村被评为宁波市历史文化名村。2014年，走马塘村被列入中国第三批传统村落名录。

链接

2022年8月,御史和廉洁题材大型原创越剧《走马御史》在第五届中国越剧艺术节上演。《走马御史》取材于《宋史·陈禾传》,讲述了北宋宣和年间御史陈禾不畏权势、反腐倡廉、秉公执法的清廉故事,唱响了一曲反对奸佞祸国、捍卫人间正道的正气歌。该剧一改传统越剧柔美的表现形式,在京剧、婺剧的表演方式中提取元素并与越剧糅合,以独特的叙事视角、鲜明的主题立意将历史故事、历史人物做细、做精、做深,剧中的人物性格、形象更加饱满、立体。越剧《走马御史》通过探索传统文化中的廉洁元素,赋予了历史故事全新的现代审美。

吴潜：大运河宁波段最重要的设计者和建设者

吴潜（1195—1262年），字毅夫，号履斋，宣州宁国（今属安徽）人，出生于浙江德清新市，南宋后期名臣、著名诗人。吴潜作为一位勇于承担社会责任、心怀忧患意识、坚持道义情怀的士大夫，为宁波的发展做出了重要贡献。

吴潜生于书香世家，父亲吴柔胜与其二子吴渊、吴潜在宁国有"吴氏三杰"之美称，三人都是进士及第，同为台阁重臣。吴渊、吴潜兄弟先后入相，显赫一时。

吴潜自小天资聪慧，宋嘉定十年（1217年），吴潜以状元身份获进士及第，授承事郎，从此开始了仕宦生涯，历任嘉兴府通判、浙东提举常平等，官至参知政事、右丞相兼枢密使等。吴潜从政三十余年，大部分时间在外地做官，宋理宗时期两度为相。

宋宝祐四年（1256年），年已过花甲的吴潜出任沿海制置大使，判庆元府（1195年，明州升庆元府），兼管内劝农使。

吴潜在巩固边防、发展经济的同时，非常重视水利建设。他在庆元府主持修建了六座水闸、六条堤坝，治理了四十六条河道，成为当时公认的水利专家，更是大运河宁波段最重要的设计者和建设者。

宋宝祐五年（1257年），吴潜开挖三板桥至姚江的刹子港运河（即官山河），在姚江北岸建小西坝，与南岸海曙大西坝对接。大西坝也是吴潜所建，船只过坝即进入西塘河，可直接通往庆元府城。刹子港运河的建成，结束了慈溪古县城到三江口需要绕行到余姚或镇海的历史，夹田桥由此成为"江海交流之会，舟车辐辏之冲"。

当时慈溪县境内受甬江咸潮侵袭，姚江北岸土地经常旱则干涸、涝则泛滥，一年中有一半时间土地被海水浸泡。而慈江水流细缓，又受民田阻止，河道不畅，旱时无水灌田，涝则洪水泛滥，造成物产欠收、民不聊生。吴潜察看当地地形后，西起丈亭三江口，经慈江大闸、太平桥到夹田桥，买民田开辟江道，此江道即"管山江"。管山江凿通之后，水不迂曲，南抵西渡，东抵茅洲，清徐兆昺《四明谈助》有言："鄞、慈、镇三邑皆蒙其利。"

为规范鄞西平原诸碶闸启闭，吴潜在月湖畔修建水则亭，亭中立碑石，刻"平"字于石上，规定城外所有碶闸均视"平"字的出没为启闭潴泄的标准：涨水淹没"平"字，即开沿江海各泄水闸放水，以免农田受灾；落水露出"平"字就关闭闸门。吴潜在《平桥水则记》中写道："余三年积劳于诸碶，至洪水湾一役，大略尽矣。"

吴潜治理慈江的众多工程中，位于镇海九龙湖长石村的化纸闸是极为重要的一部分。化纸闸又名"化子闸"，作用是贯通慈江与中大河。化子闸建成后，慈江水由原来的向东流改为向西流，在余姚丈亭三江口与姚江汇合后转了一百八十度的弯继续向东流向姚江下游，从而压制了姚江咸潮上涨，使镇海、慈溪等地十多万亩农田受益。

吴潜还完善了以月湖为核心的城市水网系统，对它山堰至南塘河水利工程进行了治理，在奉化江西岸重建澄浪堰，在望春桥附近修砌吴公塘，在鄞西重建高桥，大修府城，并建和义、永丰、朝京三座城门的门楼。吴潜实施"义船法"，巩固边防，发展经济；重修月湖贺秘监祠，从绍兴访求贺知章像，绘而祠之，并亲自撰写了《重建逸老堂碑并阴》；兴办学校，推进教育；主纂修编了《四明续志》十二卷。

作为著名诗人，吴潜在《登镇海楼》中写道："鄮山深处古明州，新有江南客倚楼。凤阙天连便望日，蛟门海晏不惊秋。头颅已迫残年景，身口聊为卒岁谋。萧飒西风吹败叶，满眶清泪自难收。"吴潜与宁波的文人骚客亦多有诗词唱和往来，吴文英即出其门下，吴文英诗集《梦窗词》中有四首即为赠送吴潜所作。

吴潜的功绩被老百姓所感念，为其兴建多座庙宇：在宁波范围内，有讴思庙、泽民庙等；仅三七市镇周围，就有吴公庙、吴大郎庙、吴侍郎庙、上湖头庙、下湖头庙、吴君庙等八处之多。

郑清之：三登相位

郑清之（1176—1251年），字德源，初名燮，字文叔，别号安晚，鄞县人，为郑洽玄孙、郑覃之孙。

郑清之少年时跟从楼昉学习，能写文章，楼昉的好友楼钥亦十分欣赏他。宋嘉泰二年（1202年），郑清之进入太学。宋嘉定十年（1217年），郑清之考中进士，调为峡州（今湖北宜昌）教授。

当时，湖北茶商群集暴横，郑清之向总领何炳建议："这些人很精悍，应该把他们编入军籍，紧急时可使用。"何炳马上下达招募茶商的命令，来的人很多，号称"茶商军"，这支茶商军后来果然发挥了极大的作用。后郑清之调为湖广总所准备差遣、国子监书库官。

宋嘉定十六年（1223年），郑清之升为国子学录，不久兼任魏惠宪王府教授，升任宗学谕，后擢为太学博士。

宋理宗即位后，郑清之被授予诸王宫大小学教授，升为宗学博士、宗正寺丞兼权工部郎，兼崇政殿说书。

郑清之晚年多次上奏请求辞官，宋淳祐十一年（1251年），郑清之接连十次上疏请辞，皇上均未准许。又授予其太师的官职，他也极力推辞。

朝廷在明堂举行盛大的祭祀活动，皇上专门下诏给郑清之派两个人搀他上明堂，并赐玉带，令他戴着玉带上朝。

郑清之晚年在楼昉迂斋旧地建甬东书院，以纪念先师。甬东书院曾获宋理宗赐书额，在宁波当地颇有影响。

宋淳祐十一年（1251年），七十五岁的郑清之去世，宋理宗大为悲痛，辍朝三日，特追封他为魏郡王，谥号忠定。

郑清之撰有《安晚集》六十卷，其中传诵较广的为《荷花》："一样娉婷绝代无，水宫鱼贯出琼铺。缘何买得凌波女，为有荷盘万斛珠。"

萧世显：亲民惠民

宁波奉化有一条著名的水系，名叫剡江，剡江的支流泉溪在岭丰村入口，故称泉口。

岭丰村西的界岭为古长寿、禽孝两乡之分界，上有一座古色古香、红墙灰瓦、飞檐翘角的古建筑，即宋庆历二年（1042年）兴建的萧王庙，系当地百姓为纪念奉化县令萧世显而建。到了明代，萧王庙更是被誉为"剡东第一名祠"。

萧世显（？—1022年），字道夫，江苏沛县人，汉代名相萧何的后裔。

宋天禧二年（1018年），萧世显被任命为奉化县令。他"抚字心劳，廉公节俭"，体恤民情，两袖清风，深受当地百姓的爱戴，是一位非常难得的好官。他就任奉化期间，复兴农耕，改善水利，兴办学校，为百姓办了许多实事。

宋天禧五年（1021年）夏，正值早稻抽穗扬花之际，奉化县境发生了罕见大旱，尤以泉口一带为最重。田地龟裂，大批稻禾枯萎，老百姓求神拜佛都无济于事。萧世显见旱情不断加重，忧心如焚，他来到泉口实地勘察地形，细观剡江水流，垂询农人，认定将剡江之水引入内河，便可灌溉农田，缓解旱情。于是，他发动乡民新凿了长达五里的内河，又带领民众从南到北依次打木桩，木桩相间编起竹片，在其中加固泥沙，木桩由低到高逐步增加，筑起了一条长堤，为的是筑堤拦水、积极抗旱。

为取水灌田，乡民间难免会发生一些争水纠纷。为了避免矛盾发生，萧世显制定了"均水法"，按土地面积供水，合理安排用水，监督乡民有序取水。"均水法"保证了农田的灌溉，取得了非常好的效果。那一年，虽遇天旱，但农田得以有效灌溉，减少了因干旱造成的损失，获得了不错的收成。人们感念萧县令的恩德，称当时筑起的这条土堤为"萧公堤"。

宋乾兴元年（1022年），早稻即将成熟时，奉化境内大旱且发生了严重的蝗灾。泉口、江口一带的田野飞蝗蔽天，大批蝗虫落到田里，顷刻就将稻穗啃啮精光。萧世显一边动员乡民取水抗旱，一边率男女老幼深入田间驱赶、捕杀蝗虫。在捕蝗的日子里，他日夜未曾安枕，身先士卒，参与灭蝗。那时正当六月酷暑，赤日炎炎，加之连日劳顿，他终因积劳成疾，在长寿、禽孝两乡界忽中风暴卒。萧世显殉职的消息传开，方圆几十里的乡民都为这位县令悲号涕泪。

宋庆历三年（1043），当地老百姓为感念萧世显的恩德，立祠以示纪念。宋淳祐十二年（1252年），宋理宗赐庙额为"灵应"。元至正二十一年（1361年），奉化知州李枢将萧世显的功绩专门修表上奏朝廷，当朝顺帝追封萧世显为"绥宁王"，此庙遂称"萧王庙"，以庙名地。

萧世显清廉大义、亲民惠民的精神对后世影响至巨，其事迹更是家喻户晓。

 链接

  2005年，浙江省人民政府公布萧王庙为第五批省级文物保护单位。

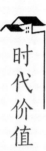

时代价值

不论是治鄞贡献最大的外地官员王安石，还是南宋最大的名门望族四明史氏，不论是"中国进士第一村"走马塘，还是北宋"屠龙"御史陈禾，这些浩然正气的爱国主义、以天下为己任的士大夫精神，无不体现着精英宋韵，以及社会运行领域的秩序之韵。

南宋时期，人们的文化素质普遍提高，精神状态积极向上，这是社会文明全面提升的体现，不仅彰显了人文之美，而且影响到人们的日常生活和价值观念。传承开放包容的社会品格，有助于推动社会经济发展和文化软实力的提升。倡导"不学礼，无以立"的社会价值规范，有助于形成社会团结和睦的文明图景。研究宋代平民阶层的兴起与壮大，有助于探索形成优化收入分配格局的体制机制。传承宋韵文化，有助于继承中华民族多元一体的丰厚遗产，铸牢中华民族共同体意识，共同创造祖国完全统一、中华民族伟大复兴的光荣伟业。

第三章 东南邹鲁：新时空中的儒学教育

诗话导言

芳草洲

刘 珵

春水池塘空苒苒，长安古道倍依依。
争如绿向芳洲遍，不怨王孙去未归。

人们常说"盛唐隆宋"，这个"隆"主要体现在思想、精神、气质等方面。

南宋四明学术的发展，使四明这个地区第一次成为全国学术的一个重心。"派虽不一，而皆有心得"，则概括了四明学术的创造性特点。南宋后期，朱熹的著作和学说逐渐传播开来，显现出儒学格局的变化。

理学，是继先秦子学、两汉经学、魏晋玄学、隋唐佛学之后，鼎盛于12—13世纪的一座中华传统思想学术高峰。理学作为宋韵文化的重要思想内涵，是儒学发展到宋代以后所形成的一种思辨性、重义理的学术形态。这一学术形态在长期的发展演变过程中形成了不同的思想派系，有"宋学""道学""新儒学"等。

宋代是我国古代历史上经济与文化教育极其繁荣的时代。从北宋中期开始，随着中央政权日益巩固，教育事业开始受到统治者的重视。宋仁宗庆历四年（1044年）、宋神宗熙宁年间、宋徽宗崇宁年间的三次兴学运动中，宁波掀起了数次办学热潮。"庆历五先生"以渊博学识教化乡里几十载，推动了宁波儒学风气大兴。

南宋时期，宁波发达的教育直接促进了科举的兴盛，而科举的巨大成功又反过来促进了教育的发展。南宋时期，宁波大儒辈出，他们多对教育事业情有独钟，在长期的教育实践中积累了极为丰富的教学经验，并提出了具有一定时代色彩的儒学教育思想，从而为宁波教育的兴盛提供了理论上的坚实支撑。

历史回眸

"庆历五先生":开创明州教育先河

"庆历五先生",又称"明州杨杜五子""桃源书院五先生",即北宋庆历年间的楼郁、杨适、杜醇、王致、王说五位先生。他们皆隐居于明州,授徒讲学、著书立说、教化乡里,浙东学风由此而兴。

北宋庆历年间,范仲淹担任宰相时,建议兴学办校,他的建议被宋仁宗采纳。庆历四年(1044年),宋仁宗诏令各郡县兴办学校,"延致乡里有文学行义者为之师"。到了宋徽宗时,全国州县学生人数已近十六万,这种情况在当时世界上是绝无仅有的。

在如此大兴教育的社会背景下,明州也恢复了"即庙建学"的传统,并确立了官学以儒学为主的格局,当地教书讲学蔚然成风,教育面貌为之一变。在明州真正将教育落到实处的,首推王安石。随着以王安石为代表的一批文人官员的上任,明州的教育开始快速发展。

庆历七年(1047年),二十六岁的王安石来到鄞县,成为鄞县建县以来最年轻的县令。他把庆历新政的兴学新风带到明州,创办了明州第一所官办县学,倡导重教好学的风气,大力培养人才。明州官学教育从此起步,奠定了明州的文教基础。

庆历八年(1048年),王安石以庙为学,在孔庙设立了县学,开县学先河,倡导经世实用之风。据《鄞县通志》载:"鄞县始有县学。""县学街,旧名县学前、郡庙前、石住桥跟。后以县学学宫所在地定名。"

而当时的鄞县，连一个可以担任老师的人才都没有。王安石遍访山野硕老，终于找到了楼郁、杨适、杜醇、王致、王说这五位饱学之士。

王安石发现楼郁的特长是兴办学校，于是首先延聘楼郁，开始兴办县学。

楼郁（1008—1077年），字子文，因曾居城南，故号城南。原籍奉化，后迁鄞县。北宋时著名教育家。

楼郁出身官宦世家，其祖父楼承皓（951—1022年），以财雄于乡，为奉化县录事；其父楼昊（972—1035年），尤积善，官赠评事。楼郁为楼昊第五子，因家庭经济条件优越，得以折节读书。

楼郁志操高厉，自六经至百家传记之说无所不读，学问博奥，为乡人所尊。鄞县建县学后，楼郁掌教鄞县县庠数年，又置明州郡学于城东，延请教授明州郡学十余年。楼郁初居城南，在柳亭设讲堂教课，后迁西湖（即月湖）竹洲，时人称其"西湖先生"，其讲舍也被称为正议楼公讲舍。

楼郁讲学长达三十年，"乡人翕然师之"。楼郁家中藏书万余卷，更是笔耕不辍，勤于著述，著有《唐书编题》《正议集》等三十卷。

有宋一代，月湖藏书之风盛行。其中，北宋以楼郁为最，南宋以楼钥的"东楼"、史守之的"碧沚"为最。这些藏书楼，承载着宁波人敬字惜纸的传统，对传统载道典籍的推崇，对圣贤文化的追慕，对独立人格的追求，以及对家族、国家、社会的责任感。

楼郁志向高远，学以穷理为先，为本州人所尊重。楼郁众多的弟子中，优秀者如丰稷、舒亶、俞充、袁毂、罗适等。这些弟子为他带来了极高的社会声誉。

丰稷，鄞县人，以丰稷为首的丰氏，是宋代宁波"四大家族"中最重名德、最具气节的家族。舒亶，慈溪（今余姚大隐）人，作为北宋新党中人，舒亶为推行新法做出了巨大贡献。俞充，鄞县人，曾任庆州知州。袁毂，鄞县人，元祐五年（1090年），苏东坡任杭州知州时，袁毂为通判，两人既为同年又为同事且同雅好诗词，因而相处甚欢。罗适，溪南罗家（今台州三门县）人，北宋著名水利专家，他调离江都后，百姓为其立生祠，秦观还为其写祠记。

之后，王安石又请来杨适、杜醇、王致、王说等大儒进城办学。他们聚鄞县妙音书院，立孔子像，讲贯经史，学子尊他们为宗主，开四明讲学之风。

杨适，字安道，慈溪人。杨适早年隐居大隐山，乡人尊称其"大隐先生"。他先与钱塘林逋为友，后与同郡王致、杜醇结交。杨适隐退闲居四十年，德行益高，名闻京师。宋嘉祐年间，太守钱公辅荐之于朝，授将仕郎、试太学助教，辞而不受。杨适七十六岁逝世，宋熙宁二年（1069年），张峋为文表之。

杜醇，字仲醇，号石台，慈溪人，生卒年不详。原为越之隐君子，居慈溪石台乡，人称"石台先生"。经明行修，学者以为楷模。宋庆历八年（1048年），鄞县创建县学，知县王安石请其出任学师。同年，慈溪建县学，知县林肇又聘他为师。后人谓鄞、慈两县学风之盛自醇始。杜醇去世后，王安石写下《悼四明杜醇》："都城问越客，安否常在耳。"

王致（986—1055年），字若一，鄞县人，祖籍睦州桐庐。王致与同郡杨适、杜醇为友，安贫乐道，俱以道义化乡里诸生，子弟师尊之。王致在宋仁宗时被召为秘书省校书郎，但他辞不受命，随后隐居于县西五十里的桓溪庄家（今横街镇庄家溪村）。因他的讲堂名鄞江书院，世称"鄞江先生"。王致七十岁去世，著有《鄞江集》九卷。王安石赞其："四明士大夫立言以垂后世者，自先生始。"

王说（1010—1085年），字应求，号桃源，鄞县人，王致从子，杨适门人。王说一生教授乡里三十余年，"间从问道者，望慕景附，人因号为'小邹鲁'"，著有《五经发源》五十卷，集奏议、书疏、诗文等十卷。宋熙宁九年（1076年），以特恩补将仕郎，为明州长史，敕赐其林村教学之所为"桃源书院"，子孙世守其学。

这五位先生学识渊博、志趣高洁，深得学子们的敬重。作为当时明州地区教育和学术的中坚，在他们的教育下，明州青年才俊辈出。"庆历五先生"，或开办书院，或执县学、郡学讲席，开讲学之先风，其机构时称"居""讲舍"等，实为书院。从此，官办县学与私学、书院呈鼎立之势，开创了明州教育的新格局。

王应麟在《先贤祠堂记》中高度评价庆历五先生："宋庆历中始诏州县立学，山林特起之士卓然为一乡师表，或受业乡校，或讲道闾塾，本之以孝弟忠信，维之以礼义廉耻，守古训而不凿，修天爵而无兢，养成英才，纯明笃厚，父兄师友诏教琢磨，百年文献益盛以大，五先生之功也。"

在王安石的倡导下，鄞县很快形成了上到官学、下到书院和蒙学的教育系统。此后，奉化、象山、镇海等地也纷纷仿效办学。宋庆历八年，慈溪县令林肇徙建县学于县治东南；宋景祐年间，奉化县令于房建县学。

王安石创办县学，对宁波文化教育领域的影响是极其深远的。此后百年，"甬上第一状元"张孝祥闻名于世，甬江流域产生了近三千名进士和十二位状元。在学术上，从南宋杨简到明清的王阳明、黄宗羲，延至清代的万斯同、全祖望，宁波地区诞生了数位大儒，浙东学派名扬四方。宁波因此一跃成为浙东文化教育的重镇，蜕变为文风鼎盛、人才辈出的文化之邦，更是成为东南要塞的文化重镇。

链接

中华书局总编辑、宁波人傅璇琮认为，"庆历五先生"是宁波最早的一批教育家。

"淳熙四君子"：明州文化史上的光辉一页

"淳熙四君子"，即尊崇著名哲学家、教育家陆九渊心学的沈焕、舒璘、杨简、袁燮四位先生。他们四人出生于明州慈溪、鄞县、奉化等地，学术活动主要集中在南宋淳熙年间（1174—1189年），为"四明学派"的代表人物，因此又被称为"四明四先生""明州四先生""甬上淳熙四先生"等。

宋室南渡之后，明州迎来了一次大规模的北方文化南移，加之朝廷奉行"重文抑武"政策，沈焕、舒璘、杨简、袁燮四位先生在这样的社会大背景下脱颖而出。

"淳熙四君子"中，最有名的当属沈焕。

沈焕（1139—1191年），字叔晦，谥端宪，世居定海，后迁居鄞县，人称"定川先生"。沈焕青年时入太学，并师事陆九龄，深得陆氏赞许，其与吕祖谦、吕祖俭兄弟二人的交往也十分密切。宋乾道五年（1169年），沈焕考取进士，担任余姚县尉、扬州教授等官职。沈焕秉性刚劲，对自己要求极为严格。他在担任浙东安抚司干办公事时，遇上旱灾，奉派余姚、上虞两县赈灾，勤勉为民、廉洁奉公，使两县百姓安然度过这场重灾，无一人因饥荒饿死。当时，有人在镇海创办了一所南山书院，聘请沈焕当院长兼教师，沈焕因为课讲得好而让南山书院名传四方。朱熹称其"学问辨博，识度精微，官止龙舒之别乘，而才实执政之有余"。近人张寿镛更是整理搜罗了沈焕的诗、文和训语，以及有关的思想资料，纂辑而成《定川遗书》。

沈氏家族从先祖沈焕开始，就重视族训、规约的修订和践行，并在诗文书信中不断加以修正补充。沈氏以学问为重，以诗书传家，为官者须弘扬清廉正气，形成了家族的共识和底气。沈氏后人中为人所知的有明万历官员沈九畴、被誉为"台湾文化初祖"的明末学者沈光文等。

舒璘（1136—1199年），字元质，一字元宾，谥文靖，奉化人，人称"广平先生"。舒璘青年时入太学，广交良友，曾问学于著名理学家张栻。朱熹、吕祖谦讲学于金华时，他徒步前去拜见二人。后与其兄西美、弟元英同受业于陆九渊，躬行愈力，遂为心学传人。宋乾道八年（1172年），舒璘中进士，授四明郡学教授，未赴，后任江西转运司干办公事，继为徽州府（今安徽歙县）教授，倡盛学风，丞相留正称其为"当今第一教官"。后舒璘继任平阳县令，时郡政颇苛，其"告以县民疾苦，郡守改容而敛"，官终宜州通判。舒璘学宗陆九渊，兼宗朱熹、吕祖谦，著有《舒文靖集》等。

杨简（1141—1226年），字敬仲，谥文元，慈溪人。慈湖在南宋前叫阚湖，杨简的家就在湖畔，因他推崇汉代董黯的孝德，便改"阚湖"之名为"慈湖"，更以慈湖为号，人们便称他为"慈湖先生"，他的心学思想也被称为"慈湖心学"。

杨简年轻时入太学，宋乾道五年（1169年）中进士。当时，陆九渊路过富阳，杨简问学于陆氏，深受启发，于是拜陆九渊为师，正式入陆门。宋嘉定元年（1208年），杨简授秘书郎，转朝请郎，迁秘书省著作佐郎，兼权兵部郎官、礼部郎官、国史编修、实录院检讨官。宋嘉定三年（1210年），杨简以七十岁高龄出任温州知府，后又任工部郎官、秘阁修撰等职，最后以耆宿大儒任宝谟阁直学士，赠阶朝奉大夫。

杨简在学术上的影响最大，是南宋四明学派的代表人物，其最主要的学说是"心之精神是谓圣"。杨简以其心学思想扬名于世，认为心为宇宙万物的本原。杨简这一观点是对陆九渊思想的继承，其开创的慈湖学派为明代王阳明心学奠定了基础，对其后的浙东学术思想产生了重大的影响。杨简现存的重要著述有《慈湖遗书》《慈湖诗传》《杨氏易传》等。

袁燮（1144—1224年），字和叔，谥正献，鄞县人，人称"絜斋先生"。袁燮二十岁左右入太学，宋淳熙八年（1181年）中进士，历任礼部侍郎、宝文阁直学士、通奉大夫。

袁燮是四明学派的卓越代表，他在学术上的最大贡献是把陆九渊的心学运用到社会治理中，体现了经学的经世致用功能和为现实政治服务的色彩。此外，袁燮还是一位教育家，提出了不少富有新意的教育思想。

袁燮的主要著述被收入《絜斋集》，此外还有《絜斋家塾书钞》《絜斋毛诗经筵讲义》《袁正献公遗文钞》存世。

"淳熙四君子"是著名学者陆九龄、陆九渊兄弟门下的四哲。陆九龄（1132—1180年），字子寿，时人称其"复斋先生"，与弟九渊相为师友，时称"二陆"。陆九渊则是南宋时期最富有个性的哲学思想家和文化教育家。陆九渊（1139—1193年），字子静，自号"象山翁"，著名理学家、教育家，时人尊其"象山先生"。陆九渊成功地开拓出一条自吾心上达宇宙的外化道路，为宋明新儒学思潮从朱子理学到阳明心学的转向创造了必要的学术条件。

"淳熙四君子"时期，是明州文化史上极为人称道的气象清明、融融泄泄的时代。

胡三省：注解《资治通鉴》

《资治通鉴》作为当之无愧的史学巨著，因其包罗万象、文辞艰涩，而给人们的阅读造成了壁垒。胡三省用自己毕生精力为《资治通鉴》作注解，并进行了校勘、解释和考证，其与黄震、王应麟并称宋元"浙东学派三大家"。

胡三省（1230—1302年），原名满孙，字身之，一字景参，号梅涧，台州宁海（今宁波市宁海县深甽镇三省村）人，宋元之际史学家。胡三省入学读书时，有感《论语》中"吾日三省吾身"句，于是改名为"三省"。又因其家旁溪水边有许多古梅，人们尊称"梅涧先生"。

胡三省出身书香门第，其父胡钥热衷钻研史学，人称"山泽遗才"。胡钥对《资治通鉴》非常感兴趣，胡三省深受父亲的影响，功课之余常攻读《资治通鉴》。胡钥有感于《资治通鉴》各家注本虽丰富，但于音义、释文等乖谬甚多，见子胡三省天资聪慧，且拜入浙东学术大家王应麟门下后，尤擅长音韵学、制度典章学等，于是多次嘱托胡三省学成后一定要仔细勘误《资治通鉴》。

胡三省十五岁那年，胡钥不幸离世，胡家的家境由此艰难起来。但胡三省牢记先父遗愿，越发勤奋地攻读《资治通鉴》。

宋宝祐四年（1256年），胡三省与文天祥、陆秀夫等同登进士第，授吉州泰和尉。然而，屋漏偏逢连阴雨，由于父亲早亡、兄弟夭折，为了侍奉老母，胡三省未能赴任。后胡三省改任庆元府慈溪县尉，在家门口做起了父母官。

胡三省做官后，虽公务繁忙，但他却常常想起父亲的遗志：写出一部完善的《资治通鉴》注本。《资治通鉴》记录了上起周威烈王二十三年（前403年），下迄后周世宗显德六年（959年）的历史，共二百九十四卷，三百多万字。自问世以来，虽好评如潮，但时人多难以读懂，导致读者很少。连司马光自己也说，作品问世的前十七年，只有一个叫王胜之的人通读了一遍。原因是，开篇第一句话"起著雍摄提格，尽玄黓困敦，凡三十五年"就直接吓退了很多人。但目前市面上能找到的几个不同版本的《资治通鉴》注本，其中音义、释文都有不少问题。胡三省便开始着手于《资治通鉴》的勘校工作。

胡三省辗转多地为官，每到一处，他都带着《资治通鉴》的勘校稿；看到不同版本的《资治通鉴》，他便及时收集；遇到《资治通鉴》方家，他更是多次虚心登门求教。

宋德祐年间，胡三省入贾似道幕府，由于性格刚直，与贾似道不合，被罢职还乡，无从报国。从此，胡三省隐居不仕，开始专心著述《资治通鉴广注》。

功夫不负有心人，历经数载，胡三省终于写成了《资治通鉴广注》九十七卷和《通论》十卷。

然而，天有不测风云。宋德祐二年（1276年），元军攻陷临安，俘宋恭帝等多人北去。元将董文炳率军南下，所过之处，烧杀抢掠，宁波亦遭到兵祸，胡三省携家眷迁居新昌。战乱过后，胡三省返回家乡，发现倾尽心血写成的《资治通鉴广注》原稿已荡然无存。

胡三省悲痛之余，变卖家产，再购《资治通鉴》，闭门绝客，日夜奋笔，发愤重新作注。这一次，胡三省将注释方式改为直接在原书的每段文字下面作注，元至元二十一年（1284年），他寓居在宁波城里大沙泥街的袁桷家中。在这里，胡三省完成了对《资治通鉴》最后的校勘，并对其进行了系统的梳理。元至元二十二年（1285年），《资治通鉴音注》全部成编，胡三省开始着手编纂《通鉴释文辨误》。

元至元二十六年（1289年），宁海人杨镇龙在二十五都起义。为躲避战乱，胡三省把已完成但尚未付印的《资治通鉴音注》等著作藏在袁家东轩的石窟中。

起义平息后，全部著作完整无缺，后遂流传于世。此石窟亦被后人称为"胡梅磵藏书窟"。

晚年，胡三省举家返回故乡宁海中胡村，在居所南筑读书室，给此室命名为"读书林"，自号"知安老人"，开始了隐居生活。而在胡三省隐居期间，他有了一个更为宏大的写作计划：刊正史炤的《资治通鉴释文》等，希望帮助后人更加无障碍地阅读《资治通鉴》。

胡三省晚年患有严重的气喘，但仍孜孜不倦地进行《资治通鉴》注释增补修订工作。因其年高体弱，子女们多次劝阻他对此工作不宜过于劳心费神，但胡三省很坚决："吾成此书，死而无憾。"

元大德六年（1302年），只完成了十二卷《通鉴释文辨误》的胡三省溘然长逝，这也成了他的未竟事业。

胡三省的主要著作，除《资治通鉴音注》外，还有《通鉴释文辨误》十二卷、《通鉴小学》二卷等。胡三省所撰《资治通鉴音注》的体例演变，大体分为两个部分：首先是按唐陆德明《经典释文》的体例，写成《资治通鉴广注》《通论》《通鉴释文辨误》三书；其次，在重新撰写时，将三者合成为《资治通鉴音注》。《资治通鉴音注》对《资治通鉴》记载的有关典章制度、音韵训诂都进行了详细的注释。

《资治通鉴音注》一直被世人公认为《资治通鉴》各注本中成就最高。《资治通鉴音注》与王夫之的《读通鉴论》是《资治通鉴》注本和释本中的经典，还与裴松之的《三国志注》称为"史注双璧"。

胡三省的一生，可谓是为《资治通鉴》而生，这样纯粹和执着的人生，令人无比的感佩和尊重。

四明学派:"浙东学派"之一

北宋"庆历五先生"的出现,加速了明州教育格局的形成。随后,青年才俊不断涌现,就有了以月湖为中心开展学术活动的南宋"淳熙四君子"。从此,明州教育更加兴旺起来。

靖康之乱以后,大批北方望族开始南迁,众多名门望族的到来,使得明州拥有了大批优秀人才。同时,明州吸收了大批南迁人口带来的先进文化,以及自身具有的邻近首都的地理优势和长期的贸易传统,经济和文化得到快速发展。

南宋时期,"淳熙四君子"杨简、袁燮、舒璘、沈焕在月湖讲授和研讨陆九渊的心学,由此形成明州第一个本土学派——四明学派。

四明学派是南宋时期的一个儒家学术派别,以尊德性为目的,学派活动区域大约在明州一带,因绍兴、宁波和台州地区有四明山脉而得名,是浙东学派之一。某种程度上来讲,四明学派就是南宋时期的浙东心学。

南宋时期,学术研究风气空前浓厚,浙东地区尤为活跃,特别是沈焕、舒璘、杨简、袁燮四人,著书立说、讲学授业,影响很大。全祖望曾赞:"象山之门,必以甬上四先生为首。"

"淳熙四君子"及高闶等人,聚集明州,设院讲学,不仅培养了大量人才,而且在传播新儒家各个学派的思想,形成、发展浙东学术思想体系方面做出了重要贡献。

> **小贴士**
>
> 南宋时期,浙东学派、朱熹理学、陆九渊心学等成为具有全国影响力的思想流派,这一时期开创了浙江思想学术史上的一个高峰。

黄震:"东发学派"创始人

一般认为,"浙东史学"应上溯至宋末元初明州的黄震与王应麟。

黄震(1213—1281年),字东发,人称"于越先生",慈溪人,"东发学派"创始人。

相传,黄震出生时不会说话,开始说话时已经七岁,十岁才进入私塾读书。据传,他上学途中路过浦边小桥,在桥上休息时,他的灵魂被桥神土地摄去,桥神土地在梦里教他念书。每当家里开饭时,桥神土地就把他喊醒,催他回家吃午饭。无论家中午饭提前或推迟,黄震总是在开饭前赶到,天天如此。父母十分奇怪,就暗中观察。一天父亲去寻他时,发现他睡在桥上,就把他叫醒。他说:"一个白胡子老公公正在教我念书,你不该喊醒我。"父亲不信,叫他背书,他却背得滚瓜烂熟,父亲也因此不再责怪他。

黄震小时睡过的这座小桥,后来人们便叫它"卧床桥",又名"护龙桥"。据光绪《慈溪县志》记载:"古卧床桥,县北四十里,黄文洁卧其上读书,故名。"卧床桥在明清曾几次重建,现存的这座精致石桥是清代所造。为纪念黄震,石栏的东面刻有"古卧床桥"四字。两侧桥门柱顶额栏下各雕一对龙首,造型十分生动。桥门柱石上均有刻联。卧床桥是慈溪境内所知始建时代较早、保存较好、具有深厚历史文化底蕴的纪念性建筑,陈邦瑞、戎金铭等清代慈溪籍文人都曾为此桥撰文作传。

宋宝祐四年(1256年),黄震中进士,授迪功郎,担任吴县县尉等职,负责吴县、华亭及长洲各县事务。宋咸淳三年(1267年),黄震被擢升为史馆检阅,参与修纂宁宗、理宗两朝实录。后来,黄震曾任广德军通判、绍兴府通判、抚州知州、浙东提举常平等职。

黄震为官清廉、不畏权贵，为官期间赈济贫民，激励贤善，修明文教，兴修水利。《宋史》本传称其"自奉俭薄，人有急难，则周之不少吝"。

南宋灭亡后，黄震隐居慈溪灵绪乡泽山，后来迁至鄞县等地，自称"杖锡山居士"。清《鄞县志》记载："自官归，常居于此，榜其门曰泽山行馆，其室曰归来之庐，嗣后迁徙无定居。"

元至元十八年（1281年），黄震病逝于故里，葬于鸣鹤乡，门人私谥"文洁先生"。元至正年间，门徒建泽山书院以资纪念。

黄震在理学上也颇有建树。他师承理学大家朱熹、程颐，经探索钻研，创立了自成一脉的"东发学派"，丰富了南宋晚期的理学理论，其代表作有《黄氏日钞》《古今纪要逸编》《戊辰修史传》《读书一得》《礼记集解》《春秋集解》等。

小贴士

2023年为黄震诞辰八百一十周年。

宁波市慈溪市掌起镇黄家村现存黄震读书处卧床桥，龙山镇达蓬山有黄震隐居之庐泽山书院。

《三字经》：三大国学启蒙读物之一

俗话说"熟读《三字经》，可知千古事"，《三字经》是我国影响最大、极具代表性的古代童蒙读物之一，被誉为"千古第一奇书"。

《三字经》作者为宁波人王应麟。

王应麟（1223—1296年），字伯厚，号深宁居士，世称"厚斋先生"，鄞县人。南宋著名学者、教育家、政治家、经史学者，与胡三省、黄震并称宋元"浙东学派三大家"。

王应麟博学多才，学宗朱熹，涉猎经史百家、天文地理，熟悉掌故制度，长于考证，其一生著作甚丰，计有二十余种、六百多卷。

王应麟所著的考据性质的笔记《困学纪闻》集合了其大量经史研究的心得成果，与洪迈的《容斋随笔》、沈括的《梦溪笔谈》并称为"宋代三大笔记"，其中《困学纪闻》居"宋代三大笔记"之首。

王应麟另著有《玉海》《诗考》《诗地理考》《汉艺文志考证》《玉堂类稿》《深宁集》《小学绀珠》《通鉴答问》等，有书法手迹《著书帖》等传世。其中可圈可点的是《玉海》二百卷，为百科全书式的著作，囊括当时科举考试所需的各类知识，是一部规模宏大的类书。《玉海》分天文、地理、律宪等二十多门，为其准备博学宏词科考试时所整理，对宋代史事大多采用"实录"和"国史日历"，有较高的史料价值。

王应麟最大的成就是编写了《三字经》。在他晚年时，为教育本族子弟读书，编写了一本融会中国文化精粹的"三字歌诀"——蒙学《三字经》。《三字经》分为六个部分，每一部分有一个中心，内容的排列顺序极有章法，并且十分强调学习的态度和目的，体现了作者的教育思想。

据史料记载，王应麟的出生地念书巷就像一幅江南水乡的图景，有一条流向月湖的河流，河两岸那些鳞次栉比的老屋里，夜夜传来童子的读书声，这让王应麟十分感动。感动之余，王应麟决定模仿童谣的体裁，为孩子们编写一部启蒙教育教材，《三字经》遂问世。

可以说，《三字经》既是一部儿童识字课本，又是作者论述启蒙教育的著作。《三字经》中用典多、知识性强，是一部在儒家思想指导下编成的读物，充满了积极向上的精神。章太炎评价《三字经》："其书先举方名事类，次及经史诸子，所以启导蒙稚者略备。"

《三字经》与《百家姓》《千字文》合称"三百千"，并称为"三大国学启蒙读物"。《三字经》还被联合国教科文组织选编入"儿童道德教育丛书"，成为一本世界著名的启蒙教材，升华为全世界人类的精神遗产。

《三字经》短小精悍、朗朗上口，其内容涵盖了历史、天文、地理、道德，以及一些民间传说，有"小型百科全书"美称，自问世以来，数百年一直是流传最广、影响最大的蒙学教材，是一部高度浓缩的中国文化简史。《三字经》独特的思想价值和文化魅力为世人公认，被历代中国人奉为经典并广为流传，是学习中华优秀传统文化必不可少的启蒙读物，堪称"蒙学之冠"。

延伸阅读

王应麟

宋嘉定十六年七月十九日（1223 年 8 月 17 日），王应麟出生于月湖东岸云石街内的念书巷。

王应麟曾祖王安道是河南浚仪（今河南开封）人，南宋初年追随宋室南渡，后定居于鄞县。王应麟父亲名撝，字谦父，为楼昉的学生，曾官至吏部郎中，预修《中兴四朝国史》。

王应麟与弟弟王应凤从小在就在父亲的指导下刻苦学习，始终秉承着"务学以实，勿事虚文。持身以诚，勿循诡道"的家风家训。王应麟天性聪敏，九岁已通读六经。宋淳祐元年（1241 年），年仅十八岁的王应麟考中进士。宋宝祐四年（1256 年），王应麟参加难度极高的博学宏词科考试（考中者时人称之"进士中的进士"），以雄厚的实力摘取桂冠。与此同时，王应凤也在这一年考中进士，并在三年后考取博学宏词科。这不仅在两宋科举历史中绝无仅有，在中国科举史上也是一个奇迹。

王应麟因受到程朱学派的王埜和真德秀等人的影响，任官同时勤于读经史。宋淳祐二年（1242年），王应麟授衢州西安县主簿，县民以其年少可欺，输纳赋税时故意延迟。王应麟请求郡守绳之以法，民皆畏服，无人再敢误期。时县内"诸校欲为乱，县令翁甫仓皇计不知所出"，王应麟前往说之以礼，事乃定。任满后改差监平江府百万东仓，又调浙西提举常平茶盐主管帐司，以才为部使者郑霖所礼遇。

王应麟是一位深深怀恋故国的"南仕"。元朝建立后，王应麟"深自晦匿，不与世接"，闭门谢客，著书立说。所有著作，只写甲子不写年号，以示不向元朝称臣。王应麟隐居乡里二十载，教授子孙，讲学授徒，弟子中优秀者有胡三省、戴表元、袁桷等人。

元元贞二年六月十二日（1296年7月13日），王应麟逝世，葬于鄞州五乡同岙。

在教育理念上，王应麟继承了朱熹的教育思想，既"尊德性"又"道问学"；在教育内容方法上，王应麟则强调"博学"；在教学活动实践方面，他拥有十分丰富的教学经验。

2023年为王应麟诞辰八百周年。宁波现存关于王应麟的遗迹有慈城孔庙、王应麟墓道、庙碑记、月湖畔念书巷等。

深宁学派：掀起浙东史学发展第一个高潮

掀起浙东史学发展第一个高潮的是王应麟创立的深宁学派。

王应麟入朝为官后，因担任史馆修撰、翰林学士，能够系统地翻阅官府和皇家藏书，学问日益渊博，终成儒林领袖。宋朝灭亡后，王应麟隐居月湖，潜心学问，闭门著述，完成了《困学纪闻》《通鉴地理通释》《玉海》等著作，还编纂了《小学绀珠》《小学讽咏》《蒙训》等蒙学著作，以及博学宏词科参考书《词学指南》四卷等。

王应麟在学术上致力于"经史并重",基本特点是述而不作,其治学方法主要是由博学而进求笃问、慎思、明辨之功。这种方法在他的弟子袁桷所著的《延祐四明志》、胡三省所著的《资治通鉴音注》中都有所体现。

王应麟的学问在宋朝"罕其伦比",其所创立的深宁学派作为从南宋末年过渡到元初的理学思想代表性学派,对元明清学术思想的发展产生了重要的影响。

深宁学派对天文、地理、经史百家的研究和考证,开清初考据学之先河。王应麟的学术研究方法为清代学者所尊崇,他也由此成为"清代朴学的鼻祖"。

桃源书院：浙东文化源头[1]

"高悬瀑布远叠山，动听雀吟静听蝉，不知松竹谁先绿，难辩水天哪最蓝……"歌曲《梦入桃花源》如此唱道。

这是人们心中的桃花源，更是岁月深处的桃花源。宁波城西，有一处弥漫着历史芳香的桃花源。

立春前夕，风和日丽，慕名前往……

一群志同道合的先贤

东晋太元年间，武陵郡有个人以打鱼为生。他顺着溪水行船，忘记了路程的远近，"忽逢桃花林，夹岸数百步，中无杂树，芳草鲜美，落英缤纷"，陶渊明笔下的《桃花源记》，美得让人陶醉、神往。

晋代前，宁波城西有一座山叫武陵山，山下有一条小溪叫武陵溪。武陵溪缓缓东流，注入城西广德湖，流入城内月湖。武陵溪中段被称为浣溪、桃溪，两岸遍植桃树翠竹。每到桃花盛开时，红绿相映，景色宜人。

到了晋代，武陵溪畔开始有人居住，慢慢形成村落，成为桃源乡、林村。每到春天，桃林密布，青山绿水，美不胜收，形成"桃源十景"：林塘绿雨、盘石乔松、碧潭印月、流花春涨、关山霁雪、仙谷朝阳、剑峡猿声、古寺晚钟、花源深竹、姑射白云。《桃源乡志》记载："地广而景奇，钟灵而毓秀。"

---

[1] 此文发表于 2023 年 2 月 4 日 "甬派"，原文名称为《早春，城西，又见桃花源》，本书有删改。

北宋时期，桃源乡聚来一群志同道合的人，正因为桃源书院。如果能穿越千载时空，早春时节的桃源书院，王安石正和"庆历五先生"杨适、杜醇、楼郁、王致、王说，讲学立说、传播经典。

据清康熙二十七年（1688年）桃源乡人臧麟炳、杜璋吉编纂的《桃源乡志》及全祖望撰的《宋神宗桃源书院御笔记》记载，桃源书院建于北宋大中祥符年间，位于桃源乡的"泥峙堰下，陶家埠东"。

说到桃源书院，一个人从历史烟云中走来，这个人便是地地道道的林村人王致。王致，字若一，他一生不慕仕途、不求厚利、恪守道义、潜心读书。北宋时期，王安石出任鄞县县令，大力兴办教育。王致办学的时间，比王安石担任鄞县县令还要早数十年，因此，桃源书院堪称"宁波史上有记载最早的学校"。

王致的继承者为侄子王说。王说，字应求，他将酌古堂改为桃源书院，成为北宋明州唯一一所有书院之名的教育场所。王说同样遭遇了"无田以耕，无桑麻以衣"的困境，但他继承了王致遗风，安贫乐道办好书院。王说的孙子王勋，小时候在桃源书院求学，长大后考中进士，后来上书宋神宗，得到御赐"桃源书院"匾额。

一种志趣、一种坚守。"庆历五先生"因在桃源书院讲过学，亦被称为"桃源书院五先生"。王致教授乡里四十余载，后人尊称其为"鄞江先生"；王说持续书声三十多年，后人尊称其为"桃源先生"。

一所承古拓今的书院

全国有三个地方被称为"千年桃源"传说发源地，最远的一个在湖南常德，最近的一个就在眼前城西。

早在隋开皇九年（589年），浙东武陵、桃源已见于史籍。唐大历年间，城西有桃源溪，桃源溪流经桃源乡。20世纪80年代，桃源乡调整为镇建制，改名"横街"。

回首我国几千年的教育制度，大体是以官办为主体，私办为补充。书院作为封建社会中的一种教育组织形式，以私人创办为主。我国的书院从唐、五代，经宋、元、明，直到清末，有一千多年的历史，对我国封建社会的教育产生过重大的影响。

据《宁波市志》记载，宁波最早的书院是唐大中四年（850年），象山县令杨弘正在县城西北蓬莱山麓栖霞观内设的蓬莱书院。宋代，宁波迎来书院发展的鼎盛时期，浙东最著名的书院当属桃源书院。

林村闻名流芳，因为桃源，更因为书院。从环城西路上的联丰路最东端出发，一路西行，过白云、古林、集士港，约半个小时，便来到了横街林村。导航提示，路北数百米即到四明山居内的桃源书院。

桃源书院，仿佛前世的一个约会。

让我们惊动一下历史老人吧。宋熙宁九年（1076年），宋神宗御书"桃源书院"以示褒奖。从此，桃源书院名声大振，逐渐成为浙东办学历史最久、规模最大、影响最广的书院。自北宋中期到南宋中期，桃源书院成了四明乃至浙东一带最著名的修学之地，也可以说是中国最早的"乡学"之一。

沧海桑田。元代，桃源书院开始荒废。明代初期，桃源书院移建他处。明嘉靖年间，桃源书院"邻火延燎，遗址遂泯"。随后，桃源书院淡出了人们的视野。

仓央嘉措在诗中写道："你见，或者不见我，我就在那里。"中华书局原总编辑、宁波人傅璇琮老先生，在《桃源乡志》中惊喜地发现有关桃源书院的记载，继而在《鄞县志》中查出桃源书院旧址在鄞县西武陵林村。2009年，傅璇琮老先生在林村一处山脚下找到了桃源书院遗址。桃源书院遗址找到后，宁波政府迅速将其重建。

山脚下，雄伟的"桃源书院"石牌坊耸立在眼前。牌坊两侧各有一块石刻，右边是"桃源书院"，落款是宋神宗；左边是"千年学府"，为于右任的弟子、百岁老书法家蒋思豫题写。

进大门沿山路蜿蜒而行，约二十分钟，蓝天白云下，桃源书院呈现在眼前。宋神宗御书"桃源书院"四个金色大字镌刻在书院大门外石碑上。院落中，光影斑驳，青砖黛瓦的书院内设有聚艺斋、国学堂、汇文轩、酌古堂、品茗轩、四明堂等，名家题赠的对联匾额让人仿佛回到了宋代。

遥想当年，桃源书院成为宋代浙东文人汇集的好地方，尽管位置偏僻，但培养的人才却如群星璀璨。据《桃源乡志》记载，桃源书院授业的人中，有"甬上第一状元"张孝祥、神童汪洙等百余人。桃源书院为浙江造就了许多人才，南宋著名哲学家、教育家陆九渊的传人杨简曾讲学于此，并开创了慈湖学派。

桃源书院，真无愧"浙东文化源头"的美称。

一本图文并茂的好书

古代，书院大多建在风景秀美的山林之间，取幽静清雅的自然之气，借以锤炼求学者的品性和精神。

位于四明山脉与鄞西平原交会处的武陵，人文璀璨、风景秀丽、古树繁花、美若仙境，一条潺潺流过的桃源溪，一片水波浩荡的广德湖。黄宗羲的《四明山志·名胜》中记载："武陵山，旧传刘阮采药于此，有桃花万树。"清代藏麟炳、杜璋吉的《桃源乡志·形胜志》中记载："其桃林，自武陵山口直至浣花桥，名曰碧水流红，复十余里，绿柳翠竹，往往相间。"

相传，元代，王说第八代子孙为纪念和弘扬祖上所办的桃源书院，请人绘制了《四明桃源图》。如今的《四明桃源图》上盖有乾隆、嘉庆、宣统三位皇帝的御览印章。

2017年的一天，热衷宋元绘画研究的画家鲁海波先生，在一次翻阅名家画集时，从《元画全集》中发现了《四明桃源图》。随后，他与几位朋友到上海博物馆找到了《四明桃源图》真迹，自此，元代古画《四明桃源图》重新回归公众视野。

展开《四明桃源图》，桃源书院掩映于四明山麓的绿山青水之间，在连绵不绝的四明山旁，昔日烟波浩渺的广德湖尽收眼底……

桃源书院不仅是承古拓今的书院，更是一本图文并茂的好书。三年前，我参加甬上文化人雅集，收到中国文化书院院长王守常先生签名赠书《桃源书院》。《桃源书院》以元代钱选的《四明桃源图》为封面封底，且将《四明桃源图》作为折页附在书后。

《桃源书院》分源远流长、硕果累累、书院重辉三辑，另附有《桃源书院记》《桃源书院铭》《桃源书院赋》等历代名家的文章。全书对桃源书院的来历、沿革、教育成就，以及对天一阁和浙东文化的影响等做了全方位的阐述，同时展示了书院的创建、变迁、重建等宝贵信息。

文化部原部长、作家王蒙在该书序言中赞道:"桃源书院的重建源自傅璇琮先生的执着和翁国伟先生的文化情怀,傅先生毕其所能、倾其所藏,翁先生掏尽家底、倾注全力。"王守常先生在该书序言中称赞桃源书院的重建"是一个文化觉醒,是一种文化象征"。文化名人徐季子先生在该书中表示:"浙东文化源远流长,桃源书院作为其重要一脉,历史影响深远。"

《桃源书院》收录了三十多篇文章,其中黄文杰先生在《从桃源书院到天一阁》中指出,桃源王氏家族的崛起,与宁波文教的兴起密切相关,"庆历五先生",王氏居其二。胡茂伟先生在《人文荟萃话浙东》中指出,宋代以前,浙东宁波文化名人只有严子陵、虞喜、虞世南等;自北宋至清代,浙东大地人才崛起,群星璀璨,屡展辉煌;到了近现代,宁波人因势而行,尽显才华,独领风骚,这正是农耕文化、海洋文化、儒家文化等共同熏陶的结果。

"东风吹散梅梢雪,一夜挽回天下春",宋代诗人白玉蟾在《立春》中写道。

江南春早,过不了多久,江南大地定会"竹外桃花三两枝"。这时节,何不看看家门口的桃花源?

《神童诗》:"古今奇书"

"遥知不是雪,为有暗香来""久旱逢甘雨,他乡遇故知",这些耳熟能详的诗句均出自《神童诗》。

《神童诗》的作者就是宁波人汪洙。汪洙,字德温,鄞县桃源乡人,自幼便有"神童"的美誉。

汪洙的父亲叫汪元吉,曾任鄞县县吏。王安石任鄞县县令时,非常看重汪元吉的为人,特把汪元吉推荐给转运使,让他负责明州法律方面(司法参军)的事务。

汪洙少年时即非常聪慧,且十分好学。由于家境贫寒上不起学,于是汪洙常常一边放鹅一边在学馆外面偷偷听先生讲课,晚上别人家的小孩已经休息了,他却还在读书写字。

汪洙九岁时,有一天,他赶着一群大白鹅去吃草,看到孔庙前青草茂盛,就想让鹅在这里美餐一顿。没想到,一阵风刮过,接着就是一场大雨,于是他把鹅赶进孔庙。当他走进孔庙,眼前的景象震惊了他:大殿破败,蛛网百结,圣像破碎,鸟粪遍地。汪洙心想,父亲常说,朝廷里的文武大臣都是孔夫子的学生,如今他们做官享福了,怎能让孔夫子坐在这样破的庙里?汪洙随手拿起地上一根木柴棍,在墙上题下一首诗:"门徒夜夜观星象,夫子朝朝雨打头。多少公卿自此出,谁人肯把俸钱修。"落款为"九龄童汪洙"。

没过多久,孔庙墙上的诗就被知县知道了,知县下令追查此事。汪元吉赶紧跑到县衙,扑通一声跪在地上:"回禀老爷,汪洙是小人犬子,冒犯了大人……"随后,汪元吉火急火燎地把汪洙带到了县衙。

当知县看到面前破衣短衫的黄口小儿时,十分好奇,让汪洙说说是如何写出这首诗的。汪洙不卑不亢地讲起了写这首诗的经过。

知县见汪洙对答如流，便说："这么说来，这诗就是你作的了，那可真是神童了。"但他看到汪洙穿着破衣短衫，故意逗趣："只是你这位神童穿的衣衫好短啊，我可从来没有见过如此穿着的神童。"

聪明的汪洙听出了知县话中有话，眼珠一转，计上心来，当着众人的面，向知县鞠了一躬，脱口吟道："神童衫子短，袖大惹春风。未去朝天子，先来谒相公。"知县听后连连称赞："了不得，了不得，年龄不大，口气不小，日后必有大成就。"

从此，汪洙"神童"的名声就传开了。汪洙后求学于桃源书院，成为桃源书院初创者王致的学生。

虽被称为"神童"，但汪洙成长的路上并非一帆风顺。他成年后虽然多次考试，但均未能考中。后来，他更加勤奋努力学习，宋元符三年（1100年），汪洙终于考中进士，出任明州府学教授。

由于汪洙为人正直，学问又高，后官至观文殿大学士，跟随他听课的学生众多，时人皆尊其"汪先生"。汪洙教授有方，声闻朝廷，其去世后，朝廷特追赠他为正奉大夫。

汪洙诗才横溢，留下了不少五言绝句。最为人称道的是，由于汪洙写的许多短诗十分通俗易懂，一私塾先生选取了其中三十多首五言绝句，汇编诠补成集，取名《神童诗》，又称为《汪神童诗》，以便孩童记诵。

《神童诗》全文千余字，主要分三部分：第一部分为《劝学》十四首，强调读书的重要性；第二部分为从《状元》到《四喜》五首，表现科举及第的风云际遇及忠孝；第三部分为从《早春》到《除夜》十五首，描写春夏秋冬四时节气和景致。

《神童诗》与《三字经》被称为"古今奇书"，成为元明清三代广为流传的儿童启蒙教材。尤其《神童诗》中"万般皆下品，惟有读书高""久旱逢甘雨，他乡遇知音""洞房花烛夜，金榜题名时"等句，几乎家喻户晓。

时代价值

思想之韵,是一种造福人类的宋韵。不论开创明州教育先河的"庆历五先生",还是在明州文化史上光辉一页的"淳熙四君子",不论是注解《资治通鉴》的胡三省,还是著写三大国学启蒙读物之一——《三字经》的王应麟,这些经世致用的"浙学"思想,无不体现着宋韵文化的内涵,以及学术思想领域的思辨之韵。

宋代是一个大潮涌动的时代,它曾经的波澜壮阔,在当下仍然回响着高昂的声音。宋代,新儒学和教育领域得到了长足发展,不仅培育了"心怀天心,担当道义"的家国情怀,而且强化了"生于忧患,长于忧患"的忧患意识,既推进了"涵养用敬,进学致知"的道德实践,又弘扬了"崇尚事功,开物成务"的浙学精神。

第四章
雅俗交融：精致审美的生活艺术

诗话导言

山园小梅

林 逋

众芳摇落独暄妍,占尽风情向小园。
疏影横斜水清浅,暗香浮动月黄昏。
霜禽欲下先偷眼,粉蝶如知合断魂。
幸有微吟可相狎,不须檀板共金尊。

有人说,"韵味"指的是意味之美、意味之境,是宋代最明显的审美气质。艺术是宋韵文化不可或缺的组成部分,艺术之雅也是宋韵文化的灵性所在。

宋代是中国古代文明的高峰,这一时期被欧美学者称为"东方的文艺复兴"。宋代作为中国古代历史上文化最为发达的朝代,"唐宋八大家"中,北宋就占了六家:"三苏"、欧阳修、曾巩、王安石。北宋时期,是中国君主集权社会由前期转入后期的决定性时期,中国文化也转向了相对内敛、色调淡雅的"宋型文化"。

宋初,"重文轻武"的治国政策,促进了宋代文化艺术的高度繁荣发展。宋代在艺术领域取得的显著成就,为后世艺术发展奠定了坚实的基础。

宋代士大夫普遍追求雅致隐逸的生活,文人们所推崇的雅致生活的"四艺"(又称"四事"),将日常生活提升至更高的艺术境界。宋词是唐诗之外又一美学范式的构建,宋代文学深刻地影响了我国文学发展的进程。

北宋时期，宁波宋韵文化逐渐形成，形成这一局面的主要动力便是教育的兴起和发展。南宋时期，宁波宋韵文化全面繁荣，人才辈出，这更是与当地教育的繁荣发达密不可分。由此，宁波迎来了文学艺术的繁荣时期，呈现出群贤蔚起、众星闪耀的壮观景象，成为南宋地域文学重要的代表区域之一。

第四章 ✽ 雅俗交融：精致审美的生活艺术

《五百罗汉图》：
宋代器物美学的集中体现

《五百罗汉图》是描绘浙东佛教从舍利信仰转入罗汉信仰的代表作，不仅反映了我国佛教的世俗化和平民化，而且是宋代器物美学的集中体现。

据宋《宝庆四明志》、清《鄞县志》、清《东钱湖志》等史料记载，唐天祐元年（904年）中元节，宁波东钱湖青山顶有十六罗汉显现，与东晋兴宁年间天台山石梁飞瀑显现的五百罗汉传说惊人地相似，当地遂建"罗汉院"。随后，罗汉信仰便在宁波兴起。

宋乾道九年（1173年），史浩途经镇江金山寺，正值寺中举行水陆法会。史浩感斋会之盛，回到明州后即施田百亩，在东钱湖惠安院旁建月波寺，专司四时水陆法会，宋孝宗为此特赐"水陆无碍道场"敕额。

不久后，惠安院住持义绍发心宏愿，邀请了周季常、林庭珪二位画师绘制《五百罗汉图》。历时十年，终于绘成百幅《五百罗汉图》。

《五百罗汉图》描绘了佛教典故、历史事件、僧人生活、风景园林、建筑、香道茶艺及服饰纹样等内容，以佛教文化为媒介，反映了明州的社会风貌和民俗风情，成为南宋明州社会经济、文化风俗的真实写照。《五百罗汉图》中的大部分作品都有金泥题写的铭文，其中记载着当年的捐献者、募捐者、画家的姓名及作画年份等信息。

《五百罗汉图》绘成后，被供奉在东钱湖惠安院内长达六十年之久。有宋一代，宁波与日本、朝鲜等国家贸易往来十分频繁。日本僧人来天童禅寺求法，其真诚之心感动了义绍。义绍以"大千世界佛日同辉"为旨，将百幅《五百罗汉图》赠予日本求法僧。

　　《五百罗汉图》最先保藏在镰仓寿福寺，后转藏至箱根早云寺。在移藏京都丰国寺、京都大德寺途中有六幅遗失，日本僧人木村德应1638年补齐遗失作品。1895年，日本明治政府特许大德寺为修缮寺院，其中十幅转给美国波士顿美术馆，两幅转给华盛顿弗利尔美术馆。

　　《五百罗汉图》是目前世界上发现现存数量最多、阵容最大、制作最精美的宋代美术精品。《五百罗汉图》的背后，是宁波与世界海丝文化交流源远流长的写照。宁波作为宋代"海上丝绸之路"启航地之一，在佛教、绘画、建筑、文化、贸易等领域对外交流频繁，直至今日，"海上丝绸之路"仍具有深远的影响。

链接

　　《五百罗汉图》现分别藏于美国波士顿美术馆、华盛顿弗利尔美术馆和日本京都大德寺。2009年，日本奈良博物馆举办"圣地宁波"特展，分三期展出了百幅罗汉图，其中包含木村德应补齐的罗汉图、大德寺所藏的八十八幅及波士顿美术馆的两幅（美国所藏的其他画作由照片代替）。震惊世界文化史的百幅《五百罗汉图》首次完整展出，呈现在世人面前，惊艳了全世界。

《山园小梅》：千古咏梅绝唱

"疏影横斜水清浅，暗香浮动月黄昏"这句描绘了梅花清幽香逸风姿的颇具哲理的诗句，出自北宋著名隐逸诗人林逋的《山园小梅》，此诗被后人誉为"千古咏梅绝唱"。

林氏家族世居福建长乐，晚唐五代时，十世祖林登云居闽，婚配赵氏，育有四子：林钘、林钏、林镮、林釱。后来，四子分别由闽徙居浙东：钘居象山鸡鸣山；钏居奉化林家铍耳山；而镮与釱则合居奉化黄贤大脉岙，成为黄贤村林氏之祖。根据《黄贤林氏宗谱序》记载："黄贤以汉四皓夏黄公之所隐居而名也……林氏居于斯，自五代始。"

林逋（967—1028年），字君复，后人称其"和靖先生""林和靖"。清光绪《奉化县志》记载："林逋，字君复，忠义乡黄贤人。"林逋出身书香门第，《西湖拾遗》有记载称，林逋的祖父名克己，曾出仕五代时吴越武肃王钱镠，为通儒学士。

林逋少年时即刻苦好学，通晓经史百家，性孤高自好，喜恬淡，不趋荣利。长大后，林逋曾漫游江淮间，后隐居杭州西湖，结庐孤山。他常驾小舟遍游西湖诸寺庙，与高僧诗友相往还。每逢客至，叫门童子纵鹤放飞，林逋见鹤必棹舟归来。丞相王随、杭州郡守薛映均敬其为人，又爱其诗，时趋孤山与之唱和，并出俸银为之重建新宅。林逋与范仲淹、梅尧臣亦有诗唱和。林逋年老时，自为墓于庐侧，作诗云："湖上青山对结庐，坟前修竹亦萧疏❶。茂陵他日求遗稿，犹喜曾无封禅书。"

林逋终生不仕不娶，唯喜植梅养鹤，自谓"以梅为妻，以鹤为子"，人称"梅妻鹤子"。

---

❶ "坟前修竹亦萧疏"句亦有"坟头秋色亦萧疏"之说。

林逋作诗随就随弃,从不留存,但他的诗却被有心人保存下来。林逋现存词三首、诗三百余首,后人编有《宋林和靖先生诗集》四卷,故宫绘画馆藏有所书诗卷。另有林逋书法存世作品三件,《自书诗帖》为其中篇幅最长者。陆游认为林逋的书法高绝胜人。苏轼也高度赞扬林逋的诗、书及人品,并诗跋林逋诗后(手卷藏故宫博物院):"诗如东野(孟郊)不言寒,书似留台(李建中)差少肉。"黄庭坚则称赞林逋:"君复书法高胜绝人,予每见之,方病不药而愈,方饥不食而饱。"

曾巩:"唐宋八大家"之一

宋朝,有不少名人曾在明州为官,如王安石、钱公辅、曾巩、范成大等。在这些明州官员中,与王安石同为"唐宋八大家"的曾巩也在当地做出了不少实绩,如修缮明州城墙,疏浚广德湖和月湖。

曾巩(1019—1083年),字子固,江西南丰人。他和王安石是同乡,虽地缘亲近,但在政治理念方面,二人却有所分歧,王安石是强硬的改革派,曾巩则是温和的务实派。

宋嘉祐二年(1057年),朝廷举行科举考试,边耕种边苦读的曾巩从江西来到京都开封参加考试,主持这次科举考试的正是欧阳修。欧阳修早就听说曾巩文采斐然,对曾巩非常欣赏。最终,三十八岁的曾巩与苏轼兄弟一起同科及第。而这一年的科举进士榜,被后人称为"千年科考第一榜"。

宋元丰二年(1079年),花甲之年的曾巩来到明州担任知州。曾巩受儒家思想影响较深,主张"仁"和"至诚"。他就任明州知州虽然只有短短四个多月,但为明州办了不少实事,其中贡献最大的是修缮明州城墙和疏浚广德湖、月湖。

明州的外城墙又称罗城,从唐乾宁五年(898年)明州刺史黄晟兴建,到曾巩就任明州时,已有近两百年的历史了,城墙损坏较为严重。

曾巩到任后,便立即组织老百姓对城墙进行了一次大修。曾巩还写下了《明州修城祭土神文》:"州有帝命,缮治城墉。得日之良,啸工始事。斯人允赖,维尔土神。尚其降休,敢不以告。"

曾巩办的另一件实事就是疏浚广德湖和月湖。北宋时,位于城西的广德湖是明州第一大湖。宋熙宁元年(1068年),时任鄞县知县的张峋疏浚广德湖,改变了广德湖的面貌,使广德湖成为明州第一胜境。宋熙宁二年（1069年），曾巩在越州任通判时，曾来到明州对广德湖进行考察，并应张峋之邀，写下了脍炙人口的《广德湖记》。十年后，曾巩来到明州做官，十分清楚广德湖的修浚对于老百姓生活的重要性，于是再次组织老百姓对广德湖进行了大规模的疏浚，保障了农业发展。

曾巩在明州仅仅数月，但因其勤勉爱民，及时解决涉及百姓切身利益的问题，为老百姓做实事、办好事，深得当地老百姓的爱戴。

曾巩有近十篇涉及明州的诗文存世，其中传诵较广的为《千丈岩瀑布》："玉虹垂处雪花翻，四季雷声六月寒。凭槛未穷千丈势，请从岩下举头看。"

张孝祥：豪放词派中承前启后的关键人物

在甬上，如果说起张孝祥，大多人都知道他是"甬上第一状元"。其实，张孝祥更是一名南宋著名的爱国词人。

张孝祥（1132—1169年），字安国，号于湖居士，祖籍和州乌江（今安徽和县）。

张孝祥出身书香门第，为唐代诗人张籍的七世孙。张籍是韩愈的学生，与元稹、白居易等交游甚密，为新乐府运动的倡导者和参与者，与王建齐名，并称"张王乐府"。张孝祥父亲张祁，历任直秘阁、淮南转运判官等职。

宋建炎三年（1129年），张氏举家南迁到明州。次年，金兵攻陷明州，张祁携全家躲避兵难，寄居在桃源乡。宋绍兴二年（1132年），张孝祥出生在桃源乡方广寺（原名泗州院，今宁波市海曙区横街镇凤岙村）的僧房中，并在鄞县生活到十三岁。

张孝祥出生后不久，生母时氏离世。这时，张孝祥伯父张邵出使金国被扣押，因伯父无后，祖母冯氏将张孝祥过继给张邵。

宋绍兴十三年（1143年），张邵自金国返宋，以母年七十为由请求归鄞，皇帝特许后定居于鄞县。随后，张家便在鄞县定居入籍，并兴建了张家府桥、张氏祠堂、张氏义庄，张氏一族由此成为鄞西桃源乡望族。后人将张邵、张祁、张孝祥、张孝伯（张孝祥从弟）、张即之（张孝伯之子）合称为"甬上张氏五望"。

宋绍兴十四年（1144年），张祁举家返乡，居于安徽芜湖。芜湖位于长江之南，芜湖、于湖二县名称自唐后混淆，故张孝祥自号"于湖居士"。

张孝祥自幼敏慧,善于作文,时人视其为神童。据《宋史·张孝祥传》记载,张孝祥天资敏捷,"读书一过目不忘,下笔顷刻数千言"。《宣城张氏信谱传》称赞他:"文章俊逸,顷刻千言,出人意表。"

绍兴十七年(1147年),十五岁的张孝祥参加州进士预选,获第一名,走出了迈向仕途的第一步。两年后,张孝祥再次参加州进士预选,又获第一名。

绍兴二十四年(1154年),二十二岁的张孝祥参加殿试。不巧这一年,秦桧之孙秦埙也参加了殿试。为了让秦埙能中状元,秦桧得知主考官内定为汤思退,便暗中操作一番,最终秦埙成为榜首,而张孝祥仅列第七。

结果一出,众人哗然。试卷最终被送到宋高宗手里。宋高宗细看之后,觉得张孝祥的策论见解独到、议论精辟,而且笔墨精妙、字体遒劲,于是大笔一挥,定张孝祥为状元,而秦埙则退为探花。同榜中进士的还有范成大、杨万里等。这一年,"甬上第一状元"张孝祥名声大振。

高中状元一事,改变了张孝祥一生的命运。新科状元张孝祥走上仕途的第一件事,就是上疏为岳飞鸣冤。当时,距岳飞被害已过整整十二年,秦桧一党已完成了对岳飞的污名化,"岳飞"二字天下无人敢提。偏偏张孝祥站出来了,这一举动着实震惊了朝野!

张孝祥的朋友劝其收敛锋芒,以免得罪秦桧。张孝祥却连发三问:

无锋无芒,我举进士干什么?

有锋有芒却要藏起来,我举进士干什么?

知秦桧当政我怕他,我举进士干什么?

这酣畅淋漓、荡气回肠的三句反问,尽显中国古代读书人的铮铮风骨,也点明了古人"学而优则仕"的终极目标——读书、当官的最终目的到底是为了什么?

张孝祥的言行让秦桧十分恼恨,后得知张孝祥正是他的政敌胡寅的挚友张祁之子,秦桧便与曹泳勾结起来,指使右正言张扶诬告张祁与胡寅有合伙谋反的意图。

绍兴二十五年(1155年),张祁被逮捕,下大理寺大狱,受尽百般折磨。不久,秦桧病死,张孝祥为父亲上书,张祁最终得以出狱,张孝祥的伯父张邵也免受株连。

张孝祥自幼亲历国难家患，不仅磨炼了他的精神意志，也奠定了他的爱国主义思想基础。张孝祥作为坚定的主战派，一生志在北伐。张孝祥品德正直，历任秘书省正字、中书舍人、直学士院等职，也曾在各地为父母官，才干突出，政绩显赫。每当其离任之际，当地人民总是依依不舍。

宋乾道五年（1169年），张孝祥偶感风寒，请求退休，朝廷授予他显谟阁直学士。夏秋之际，抗金名将虞允文赴临安任丞相职，途经芜湖时，张孝祥为他饯行。不料在舟中对饮时中暑，最终身亡于异乡，后葬于建康（今南京）钟山。

《宋史·张孝祥传》记载，当宋孝宗闻知张孝祥死讯时，为之长叹："有用才不尽之叹。"更有"商贾为之罢市，两河之民惶惶如失所恃"。

在张孝祥的文学创作中，成就最大的无疑是词，其最负盛名的词是作于任建康留守时的《六州歌头·长淮望断》。全词一气呵成，以"使行人到此，忠愤气填膺，有泪如倾"作结，抒发满腔悲愤之情。凡论宋词豪放者必提此词，这首词也是民国《鄞县通志》人物传中唯一收录的词作。

张孝祥如神之笔、凌云之气凝成的词，前承东坡，后启稼轩，成为南宋豪放词派领袖辛弃疾的先驱。张孝祥的诗，初学杜甫，沉郁中见清新；后极力追踪苏轼，所作诗词大都纵横兀傲、气概不凡。张孝祥才气超逸、文章过人，弟子都对其推崇备至。他常常在写完一篇诗文后，问自己的门生："比东坡如何？"而门生则以"过东坡"来称赞他，张孝祥对此引以为豪。张孝祥弟子谢尧仁《于湖居士文集序》中更是赞其师："乐府之作，虽得于一时燕笑咳唾之余，而先生之胸次笔力皆在焉，今人皆以为胜东坡。""自渡江以来，将近百年，唯先生文章翰墨，为当代独步。"

张孝祥不仅是一位才华横溢的文学家，更是一位为世所重的书法家。张孝祥幼年即学习书法，师从颜真卿。至今，鄞州的天童寺仍保存着张孝祥的墨迹，为宋绍兴二十六年（1156年）所书。张孝祥的字为宋高宗、宋孝宗盛赞。宋高宗每次看了他的奏折后，总会赞赏他的书法，称其书"必将名世"。陆游则称张孝祥的字"紫微张舍人书帖为时所贵重，锦囊玉轴,无家无之"。朱熹更是赞"其作字多得古人用笔意。使其老寿,更加学力,当益奇伟"。

虽然张孝祥一生只有短暂的三十余年,但其却在中国文学史上留下了英名。张孝祥作品多收录在《于湖居士文集》《于湖词》中,词以《全宋词》辑录最为完备,共计二百二十余首。宋人王阮在《义丰集》中挽悼张孝祥"天上张公子,人间第一流"。

张孝祥的诗、文、词及书法均有很高的造诣,特别是其所作的激情澎湃的爱国之词,既表达了清旷放达之怀、慷慨壮烈之音,又具有强烈的艺术感染力。张孝祥堪称南宋豪放词派中承前启后的关键人物。

吴文英：南宋词坛大家

吴文英（约 1200—1260 年），字君特，号梦窗，晚年又号觉翁，四明（今浙江宁波）人，南宋词人。

吴文英的一生可以说是作词的一生，其编著的《梦窗词》，收入三百四十余首词，在两宋词家中的词作数量仅次于辛弃疾、苏轼、刘辰翁。

《梦窗词》的刻本，现存最早的是明毛晋《宋六十名家词》本的《梦窗甲乙丙丁稿》。毛本失于校订，不但误入他人之作，而且错简纷然、脱误满纸。清咸丰间，杜文澜重加校勘。再后来，王鹏运、朱祖谋二人合校《梦窗甲乙丙丁稿》，并于清光绪二十五年（1899 年）刊行。王鹏运逝世后，朱祖谋续校，有无著庵二校本（1908 年），继而又从涵芬楼获明万历中太原张廷璋所藏旧钞本（即所谓"明钞本"）《吴梦窗词集》（一卷本），订补毛本凡二百余，刊于《强村丛书》，是为三校本（1917 年）。此后朱祖谋依然手校不辍，务求精审，朱氏去世后，最新校本收入《强村遗书》，是称四校定本（1932 年）。后郑文焯校勘《梦窗词》，十余年间，所手校的《梦窗词》计有四五版本之多，惜大多未曾刊行。世所知见者，原仅《四明丛书》所刊《校议》二卷。

在词的创作上，吴文英主要师承周邦彦，重视格律和声情，讲究修辞，善于用典。沈义父曾将他的词法概括为四点：协律；求雅；琢字炼文，含蓄不露；力求柔婉，反对狂放。

吴文英作为南宋词坛大家，在词坛流派的开创和发展上占有一席之地。吴文英的词，受到周邦彦词风的影响，注重格律技巧，多堆砌典故，雕琢工丽，意象朦胧，形成了靡丽浓艳的风格。南宋词人张炎《词源》载："吴梦窗词，如七宝楼台，眩人眼目，碎拆下来，不成片段。"南宋词人尹焕《花庵词选引》称："求词于吾宋者，前有清真（周邦彦），后有梦窗。此非焕之言，四海之公言也。"

但吴文英因过于追求典故堆砌，以致流于晦涩，也受到了一些人的批评。如南宋沈义父在《乐府指迷》中说道："梦窗深得清真之妙，其失在用事下语太晦处，人不可晓。"清末民国学者王国维《人间词话》亦称："梦窗砌字，玉田垒句，一雕琢，一敷衍。""梦窗之词，吾得取其词中一语以评之，曰：'映梦窗，凌乱碧。'"批评其过于偏重形式技巧。

吴文英的词虽毁誉不一，但仍不可否认其南宋词坛巨擘的地位，其与周邦彦、姜夔齐名，人称"周吴"和"姜吴"。吴文英喜交游，周密多与之酬唱，并常常向吴氏请教。同时，楼采、黄孝迈等人的创作也都在不同程度上受到吴氏的影响。

戴表元：东南文章大家

戴表元（1244—1310年），字帅初，一字曾伯，号剡源，晚年人称"剡源先生"，奉化剡源榆林（今宁波市奉化区班溪镇榆林村）人，宋末元初文学家，被称为"东南文章大家"。

戴表元自幼聪明，早年入太学，师事南宋礼部尚书王应麟和舒岳祥等文学大师。宋咸淳七年（1271年），戴表元中进士，次年授建康府教授。宋德祐元年（1275年），戴表元迁临安府教授，后以兵乱为由，回归故乡，读经史、作诗文。次年三月，元兵南下，戴表元迁至天台、鄞县等地避难。

战乱后，戴表元的生活越发艰难，他辗转各地，以授徒、卖文为生。戴表元的门生中，以袁桷最负盛名。

元至元二十九年（1292年），戴表元被聘任为奉化养正堂师，与舒津、任士林等合修《奉化县志》。元大德八年（1304年），年已花甲的戴表元被推荐就任信州（今江西上饶）教授。晚年戴表元回到故乡，读书吟诗，直至去世。

戴表元学识渊博，以文章大家名重东南。戴表元的诗中流露出对民生疾苦的同情，例如《采藤行》中就描述了商人和手工业者生活宽裕，而农民却承担着官府沉重的赋税的情形。他的作品也寓有对赵宋王朝的故国之思，如《感旧歌者》："牡丹红豆艳春天，檀板朱丝锦色笺。头白江南一尊酒，无人知是李龟年。"此外，《通谢张可与参政书》《二歌者传》《读书有感》等作品亦包含有怀念故国的情感。

戴表元对理学大兴和科举制度破坏文学艺术的现象，反复加以揭露和抨击。袁桷《戴先生墓志铭》记载："力言后宋百五十余年理学兴而文艺绝。"

戴表元的散文清深雅洁，所作《寒光亭记》《清峙轩记》《秋山记》《观渔赋》文辞简洁传神，情感亲切自然。戴表元人称"江南夫子"，《元史》赞其于至元、大德年间，在东南一带"以文章大家名重一时"，可见他在当时的影响。戴表元著有《剡源集》《剡源佚文》《剡源佚诗》等，作品今存《剡源文集》三十卷，佚诗六卷，佚文二卷等，亦均可读。

第四章 ❋ 雅俗交融：精致审美的生活艺术

《耕织图》：世界上第一部农业科普画册

男耕女织是我国传统农业社会生产的基本模式和主要特征。南宋初年鄞县人楼璹所作的《耕织图》，系统具体地描绘了当时农耕经济最发达的江浙地区关于农耕和蚕织生产的各个环节，反映了宋代农业技术的发展状况，被誉为"中国最早完整地记录男耕女织的画卷""世界上第一部农业科普画册"。《中国大百科全书·农业分册·大事记》称它为"最早的农业技术挂图"。

提到《耕织图》，就不得不提到绘者楼璹及四明楼氏家族。

两宋时期，明州有四大望族，四明楼氏为其一。相传，楼氏源于大禹。周武王灭商以后，追封先代贤王的后裔，在会稽山寻访到了大禹三十六世孙云衢公，封于杞（今河南杞县），后移封于娄（今山东诸城西南），人称东娄公。《中华楼氏通鉴》记载，周成王认为"无水不成源，无木不成楼"，于是赐木给娄，子孙遂以楼为姓。

四明楼氏源于东阳。楼钥《攻瑰集》称："楼氏以杞国为郡，而望出东阳。"《鄞州望族丛书：楼氏家族》中写道："四明楼氏家族晋升为地方名族，经过了先由经营产业成小康之家，再通过科举进入仕途的两个阶段。"从楼氏家族的发展来看，每隔一代都有一位杰出人物出现，一代一代地推进了家族的发展。俗话说"富不过三代，官不过三代"，而四明楼氏从崛起到发展、再到衰替，前后历时三百年，这不能不说是一个奇迹。

楼璹（1090—1162年），字寿玉，一字国器，号仰啸。楼璹、楼琛、楼琚、楼璩、楼珌兄弟五人，皆以荫入仕。

南宋绍兴初年，楼璹任临安府於潜县令。楼璹任於潜县令期间，跑遍了於潜县治十二乡周边的南门畈、横山畈、方元畈、祈祥畈、对石畈、竹亭畈、敖干畈，深入田间地头，与当地的农夫蚕妇研讨种田、植桑、织帛等经验技术。楼璹谙熟农耕蚕织的生产技术，又体察到农夫蚕妇的劳动艰辛，因而绘制出反映江南农业情况的《耕织图》。

《耕织图》共四十五幅，其中耕图二十一幅、织图二十四幅。《耕织图》每事一图，每图都配以五言八句诗。后来楼璹之孙楼洪、楼深，侄楼钥将《耕织图》刊行传世，由楼洪题跋。

《耕织图》作为采用绘图的形式记录耕作与蚕织的系列图谱，其中记载的许多耕织知识和生产工具一直沿用至今。画面上留下的农业生产的场景，为研究南宋农业特别是农具的发展情况留下了难以从文字资料中获知的珍贵资源。《耕织图》描绘细致入微又富有艺术感染力，第一次采用了诗配画的形式，成为连续完整地反映耕织生产的新颖特殊的创作形式。

《耕织图》完成后，楼璹将其呈献给宋高宗，宋高宗观之十分赞赏，并获得吴皇后题词。宋高宗专门召见了楼璹，并将《耕织图》在后宫展示，一时朝野皆传诵。随后，社会上接连不断地出现了许多《耕织图》，形成了中国绘画史、科技史、农业史、艺术史中一个独特的现象。

《耕织图》作为诗画相配的文学艺术作品，有人评价其像是以农业为主题的农学著作，并称其是"一部有韵的农书"；还有人将楼璹的诗与南宋诗人范成大充满田园气息的作品相比较；更有人高度赞扬《耕织图》，认为此作品可与《天工开物》《农政全书》相媲美。

《耕织图》问世以后，曾多次被画家临摹，产生了极为广泛的社会影响。《耕织图》更与南宋学者王应麟所编著的《三字经》齐名，被誉为中国封建社会人文教育启蒙和生产科学普及读物的"蒙学双璧"。

时代价值

品质宋韵是宋韵的灵魂,代表着宋韵的价值观。对宁波来说,品质宋韵蕴含着艺术之韵、审美之韵,雅俗交融中蕴藏着典雅的生活艺术和世俗情怀。不论是宋代器物美学集中体现的《五百罗汉图》,还是千古咏梅绝唱的《山园小梅》,不论是豪放词派中承前启后的关键人物张孝祥,还是世界第一部农业科普画册《耕织图》,这些奠定后世审美范式的人物和艺术作品,无不体现着品质宋韵,以及文学艺术领域的审美之韵。

想要让宋韵美感深入生活,只有促进人们美学素养的普及,让美下沉,深入人们生活之中,才能真正提升社会的整体文化素养。美学素养并不是单纯的文字和绘画技巧,而真正需要传递的是这些艺术品背后的思想情感和艺术给人们带来的思考。有宋一代,以平淡、简约、内敛等为标准的审美旨趣,形成了独有的宋韵风雅,这一审美范式影响至今,渗透到当代生活的方方面面。

宋韵文化实现了社会责任感与个性自由的完美结合,为今天的知识分子提供了理想的生命范式:培育多元包容的文化心态,以泱泱中华的民族自信坚守文化传统,培育放眼世界的眼光和格局;在繁荣发展社会文化艺术时,坚持弘扬社会主义核心价值观,继承中华优秀传统文化,吸收当代社会文化创造中的积极元素,共同建设社会主义文化强国。

第五章
精工巧作：百世流芳的大匠智造

诗话导言

秘色越器

陆龟蒙

九秋风露越窑开,夺得千峰翠色来。
好向中宵盛沆瀣,共嵇中散斗遗杯。

宋代是中国古代史上科技最发达的时期。宋代在科技领域取得的成就占领了当时世界科学发展的制高点,处在当时世界文明的最高点。英国科学院院士李约瑟在其著作《中国科学技术史》里指出,宋代"确实是中国本土的科学最为繁荣昌盛的时期"。宋代是我国科学技术发展的黄金时期。宋代文化主体下移,大量民间科学家活跃在历史舞台,为科学技术的发展做出了巨大贡献。宋代商品经济发展、市民文化繁荣,同时促进了科学技术的进步。四大发明中,活字印刷术出现在北宋;北宋时期,指南针开始用于航海;火药、造纸术也在这一时期得到进一步的改良和发展,对整个世界产生了重要的影响。宋代的建筑也具有很高的艺术和科学价值,深受传统自然和人文观念的影响,形成了特有的建筑流派和风格特征,科技水平达到了新的高度,不仅是宋文化的重要组成部分,更是我国乃至世界建筑史上一颗璀璨的明珠。南宋时期,随着社会经济的发展和科学实践经验的积累,宁波的科技水平也有了新的发展,在医学、农学、生物学等领域均取得了一定的成绩,人们在日常生活中也更加普遍地使用各种科技成果。

唐王士源在《〈孟浩然集〉序》中写道:"文不按古,匠心独妙。"匠心,原意是指"巧妙的构思",多指在文学艺术上创造性的构思。而在宋韵中, 则有一种匠心宋韵。匠心宋韵是一种精益求精、登峰造极的境界。当下,我们看到的许多宋韵遗迹,无不得益于匠心宋韵。对宁波来说,匠心宋韵,灿如星河。

第五章 ✤ 精工巧作:百世流芳的大匠智造

万斛神舟：当时世界上最先进的大船

明州是我国舟船文化重要的发祥地，为我国海洋文化的发展做出了独特的贡献。明州港上的舟楫船舶，见证了我国海洋文化的发展。

大运河的贯通使明州港的重要性逐渐凸显出来。以晚唐明州籍航海家张友信为代表的商团，不但能建造海舶大船，还驾舟出海往来于日本、高丽诸国。船舶制造业的迅速崛起，推动了"海上丝绸之路"的发展。

唐宋时期，明州港成为全国造船业的重要基地，造船业居世界领先地位。宋代造船分为官营和私营两类。北宋时期，镇海（当时称定海）不但拥有古港口，而且是官方的船舶建造基地。在《宝庆四明志》的"定海县境图"中，有一处标示为"船场"。这个船场即当时全国九大船场之一的明州官办船场，也称为"招宝山船场"，建造过许多大型船舶。此基地生产出的船舶不但用于海运，也用于外交出使任务。

北宋明州的造船业以官营为主，设有规模宏大的造船场，特置造船监官厅事和船场指挥营等机构，配备人员约四百人。当时的船场指挥营就设在今和义大道战船街。明州三江口的官营造船场，年造船数量居全国之首，最多时达数百艘。三江口一带设有两处官营造船场：一处位于姚江南岸，渔浦门海运码头旁，主要以建造内河漕运船和小型战船为主，此地因此被称为战船街；另一处设在市舶司与江厦码头之间，属于当时的明州市舶司，是市舶司直属的修造船厂，它的规模较姚江南岸的官营造船场要小，主要承接过往商船的修船业务。

北宋时期为明州造船业的发达时期，不论造船吨位还是技术水平，明州都位居全国前列，在世界上也处于领先地位。北宋后期，明州的造船业更是突飞猛进，到了宋元祐五年（1090年），明州一年造船量达到六百艘，在明州历史上达到最多。

明州制造的舟船，形式多样、制作考究、装修设施丰富多彩。当时，内河采用的都是平底船，沿海地区的工匠们经过探索与实践，认识到尖底船在海上航行更有优势。明州造的V形船体，不但可增强船舶的稳定性，还能减少水下阻力，使海船在遇到横风时横向移动较小，适合在风力强、潮流急的海域航行。明州船舶强度可靠，水密隔舱的设置以及船舶接缝处采用桐油和麻丝的捻缝工艺，有效提高了船舶的安全性能，不仅为开辟航线、扩大航程提供了先决条件，也帮助"海上丝绸之路"走得更远。

宋元丰元年（1078年），宋神宗为派遣两名大学士访问高丽，命明州招宝山船场建造了两艘"神舟"，分别取名"凌虚致远安济神舟"和"灵飞顺济神舟"，据说每艘神舟排水量都达到五百吨。

宋政和七年（1117年），宋徽宗斥巨资在明州做了两件大事：一是在明州城内兴建一座国家级的迎宾馆——高丽使馆；二是将温州船场并到明州招宝山船场，打造出12世纪世界上最大、最先进的造船厂。之后，宋徽宗更钦命明州建造两艘吨位大、技艺要求高的"万斛神舟"。

斛是中国市制容量单位，十升为一斗，十斗为一斛。万斛神舟载重量约达二百四十吨。这两艘"万斛神舟"作为当时世界上最先进的大船，拥有一百八十名水手，船舱分三层，"震慑夷狄，超冠古今"，被赐名"循流安逸通济神舟"和"鼎新利涉怀远康济神舟"。

宋宣和五年（1123年），宋徽宗遣给事中路允迪、中书舍人傅墨卿为正副使出使高丽，众人乘坐"万斛神舟"，船在海上"巍如山岳，浮动水上"。同行的奉议郎徐兢将出行始末原原本本地记录了下来，定名为《宣和奉使高丽图经》，其中记载道："自元丰以后，每朝廷遣使，皆由明州定海放洋绝海而北。"随同这两艘大船一起出使高丽的，还有六艘客舟。

浩浩荡荡的船队从利涉道头出发，"万斛神舟"抵达高丽后，引起了轰动，"倾国欢呼"。

南宋时期，明州的民间造船业在北宋官方造船业的基础上得到发展。南宋开庆年间的明州民营船业统计显示，当时昌国县（今舟山）一度"尺板不得出海"，同时沿海地区屡受倭寇进犯，在这样的环境下明州的造船和航运仍然实现了持续发展。

宋代，是我国造船业和航海业取得巨大进步的时期，这一时期，我国的造船业，无论是数量还是技术，都居世界之最。在"万斛神舟"的建造中，已经开始使用指南针辨别方向，这是世界航海史上有记载的第一次，是宋代航海技术最大的创新。指南针的应用是航海技术的革命性进步，它象征着原始航海时代的终结和新航海时代的开启。

延伸阅读

利涉道头：北宋时期明州第一码头

唐宋时期，镇海是明州"海上丝绸之路"起碇港之一。特别是在宋代，镇海的对外贸易空前繁荣，各国使节和大小商贾都在这里生活定居，这里也因此成为明州重要的对外贸易港口之一。

《宣和奉使高丽图经》作为研究12世纪高丽的政治、经济、社会风尚、历史文化以及宋朝与高丽关系的重要史料，是我国现存最早的外交实录，它证明了镇海是最早的"海上丝绸之路"官方指定起碇港，中外使者由海道出入境，必须经过镇海。宋代陈造的《定海四首（其一）》中描写了镇海对外贸易的繁华："官廨盐烟外，居人杂贾胡。听言须画字，讨海倚输租。"诗中的"贾胡"，指的就是外国客商，因为他们与本地居民语言不通，交流时常常要借助纸笔。

镇海区招宝山街道城河东路与中山路交叉口，有一个旧式三角形蓄水池，叫一鉴池。当年，日本、高丽、南洋等地的船舶抵达镇海后，都会顺着内河来到一鉴池补充淡水。

在镇海区招宝山街道沿江西路的甬江口边，有一座汉白玉牌坊，上面书写着"利涉道头"四个大字。

宋元丰元年（1078年），宋朝在明州定海兴建第一码头——利涉道头。古时，明州人把渡船靠泊的码头叫"道头"，又称"石磡"，它是把石块、石板、条石从江岸铺向海涂，延伸到江水落潮时最低潮位处。利涉道头曾是北宋时期明州最大的码头之一。宋《宝庆四明志》记载，利涉道头原址位于梓荫山东南角。

水则碑：我国城市古水利遗存中仅存不多的实例

水利兴，则天下定、仓廪实、百业兴。中国作为典型的农业大国，兴修水利历来被视作治国安邦、造福于民的大事。

北宋时，江河湖泊已普遍设立水则。水则，又叫水志，"则"是准则的意思，即我国古代的水尺。根据历史记载，最早的水则为李冰修建都江堰时所立的三个石人，通过观察水淹至石人身体何处部位来衡量水位高低和水量大小。

古代，水则有三种形式：一是无刻画的水则，如都江堰石人水则；二是只有洪枯水位刻画的水则；三是有等距刻画的水则，这也是最为常见的。

月湖畔菊花洲上，有一块水则碑，是由庆元府知府吴潜于南宋宝祐年间修建的。吴潜在《平桥水则记》中写道："余三年积劳于诸碶，至洪水湾一役，大略尽矣。……平桥距郡治，巷语可达也。……然于此郡之丰歉不能忘，故置水则于平桥下，而以'平'字准之，后之来者，勿替兹哉。"

作为古代著名水利设施，水则碑主要用以观测城内河道的水位，水则碑高约一米，石碑中间刻有一个大大的"平"字。通过观察水位淹在"平"字的哪个位置就可以测量出水位，从而预防洪涝灾害：水淹没"平"字上面一横，表示郊区已经发大水了，需要开沿江海的各泄水闸放水，以免农田受灾；水在"平"字下一横笔表示水位正常；水位落至露出"平"字，就可以关闭闸门。

水则碑所在之地与月湖相通。水则碑被罩在水则亭中，水则亭建于四明桥下。因为石碑上刻有"平"字，人们便把四明桥改称为"平桥"。

水则碑经过明清两代续修，现大部分石亭建筑为清道光时所建，但南宋的亭基和明代重修的"平"字碑被完整地保留了下来。

水则碑利用平水的原理，达到体察灾情、民情和统一调度的目的，为保证庄稼丰收、州郡平安发挥了重要作用。

水则碑是我国城市古水利遗存中仅存不多的实例，是世界文化遗产中国大运河宁波段重要的水利设施，是研究城市排涝防洪水利工程不可多得的实物例证，对研究城市排涝防洪水利工程有着特殊的意义。

链接

1999年，在考古发掘中，水则碑旧貌重见天日，经重修后，当地政府恢复平桥河，并与宁波城市中心的月湖水系相通，还原了历史原貌。月湖水则碑是我国现存为数不多的仍在原址、基本维持原貌的水则碑，为全国重点文物保护单位，也是浙江最早的水文观测站。

大西坝：明州锁钥

后塘河、大西坝河与姚江的连接处（今海曙区高桥镇高桥村大西坝自然村），曾建有一个船闸，取名为"大西坝"。

大西坝建于南宋。据《鄞县通志》记载："西渡堰，县西北高桥乡大西坝，阻咸蓄淡兼通舟楫。宋宝祐元年（1253年），大使吴潜建。"

大西坝作为明州的西门户，不仅是通往省城、京城的必经节点，连接姚江和西塘河、内河航道与外海的咽喉，还是古代"海上丝绸之路"和大运河的连接节点。许多南来北往的物资、材料、土特产，历代学子赴省城、京城赶考，官员来明州或赴外地走马上任，若需经水运、走水路，就必须从大西坝出入。大西坝历经五个朝代，在鼎盛时期，建有不少航运配套设施。大西坝坝头周围旧时有普渡庵、雷祖殿、三圣殿、官厅等建筑，供行人和官船过坝时祭拜、休息。

15世纪，一个名叫崔溥的朝鲜官员曾在游记《漂海录》中记录了明代宁波的交通情形和沿途风光，特别是对大西坝做了记录："自府城至此十余里间，江之两岸，市肆、舸舰，垒集如云。……至西坝厅。坝之两岸筑堤，以石断流为堰，使与外江不得相通，两旁设机械，以竹绹为缆，挽舟而过。"

此外，大西坝沿河原建有三座凉亭，分别为上凉亭、中凉亭、下凉亭。这些凉亭为方便来往的商贾、学子、游人、军卒休息所建。南北向的穿堂凉亭沿河而建，供旅人上岸小憩、纤夫喘气歇脚。如今，清代修缮的上凉亭、下凉亭依旧完好，悬山顶下的悬鱼"水"字醒目。上凉亭亭柱上刻有一副对联"雨夕风晨也堪托足，南来北往到此问津"，见证着一代又一代过往的故事。

除此之外，最引人注目的是大西坝东面有一高数丈的四方形炮楼。

此炮楼非军事设施，而是作为瞭望、航标、发号令的高塔。瞭望台上的守卫发现官船远帆驶来，便于炮楼点燃礼炮相迎。几声炮响，坝上船工立即各就各位，待官船驶近，通过人工拉纤将官船拉过坝，经西塘河，过高桥、上升永济桥、望春桥，直抵明州府城望京门。当时的炮楼上还刻有"明州锁钥"四个大字。

大西坝经历代多次改造，仍残留着宋代的泥坝、清代的石坎，以及近现代的船坝和碶闸。古时过往这里的船只，最初靠人力拉纤过坝，后来过渡到畜力过坝，至20世纪60年代末，改建成有轨电动过坝，提高了通行效率，现仍留有遗迹。南侧已改成碶闸，既可蓄排，又可与西侧碶闸形成放水船闸，成为水利设施。

大西坝是旧时官船进出的必经之处，直到20世纪八九十年代，大西坝仍是水上内河运输的重要通道。余姚来的杨梅、甘蔗、冬瓜、西瓜，成船成船地运来，在大西坝过驳，经西塘河运抵宁波城里厢。船只往来，行人驻足，摊贩吆喝……

"明州锁钥、运河古村"的大西坝村坐落在大西坝运河的北侧，因大西坝而命名，西临运河，北抵姚江。村子里仍保留着运河为线、长街相伴、弄堂穿插其间的水系格局。浙东运河就是从高桥镇大西坝村进入西塘河通往甬城。清进士鄞县人陆廷黻有诗《晓发西坝》："残月入林暗，疏星坠水明。舟从官渡过，潮逐客心生。旧梦江头续，新诗枕上成。布帆幸无恙，万里此云程。"

链接

大西坝村是第五批"省级历史文化名村"。

2013年3月，"大运河—姚江水利航运设施大西坝旧址"被列为全国重点文物保护单位。2014年6月，中国大运河申遗成功，作为最南端的宁波大西坝，曾经是河海联运、大运河连接世界的大通道，也是先人和历史馈赠给宁波的一份丰厚的遗产。

南宋石刻群：世界上最丰富的南宋历史文化瑰宝

"北有秦陵兵马俑，南有南宋石刻群"，在我国能与"世界第八大奇迹"兵马俑齐名的，也许唯有东钱湖畔的南宋石刻群了。

南宋建都临安一百五十多年，推进了吴越地区经济和艺术的繁荣，其中石刻成为南宋时期的艺术代表。在东钱湖畔深林绿谷中，发现有历代名臣学士的五十多座墓葬，墓道石刻遍布，堪称石刻艺术大遗址，这就是东钱湖南宋石刻群。其中融古代哲学、美学、生态学等于一体的石刻艺术精品，当推南宋时期"一门三宰相"的四明史氏墓葬石刻群。史氏墓葬石刻群主要包括宋冀国夫人叶氏太君、宋太师越国公史浩、宋太师齐国公史渐、宋卫国忠献王史弥远和明代少傅兼太子太傅余有丁五处墓道石刻。

史氏墓葬石刻群长五十米至数百米不等，现存较为完整。墓道选址依山临水，两旁按王公礼制，从下到上一般有神道坊、石笋、石鼓、石羊、石虎、石马、武将、文相依次相对而立。石刻造型比例适度，线条流畅，精美传神。武将戴盔穿甲，双手握剑，威武肃穆；文相戴冠穿袍，双手执笏，沉静含蓄；石马披鞍系缰，昂首挺立；石虎蹲伏昂首，坚耳睁目；马鞍等处还饰有缠枝牡丹、海兽、波涛等图案，使石刻作品达到了写实风格和浪漫主义的完美统一，为考证史氏显赫家世和南宋历史提供了宝贵的实物资料。

东钱湖石刻以造型准确、形体动作多样、表情生动著称，鲜明地再现了南宋时期的人文景观。文臣、武将、蹲虎、立马、跪羊等雕刻，寓意着"忠、勇、节、义、孝"。因南宋王朝不设地上皇陵，东钱湖"下皇家一等"的史氏墓葬石刻群，某种意义上填补了中国石刻艺术史的一段空白。这些石刻列起阵来颇有兵马俑的气势，因而也被誉为"江南兵马俑"。黄河流域的长安，长江流域的明州，一北一南盘踞，仿佛一秦一宋相互呼应。

南宋石刻神秘的面纱一经揭开，便惊艳世界，不仅填补了南宋时期美术史、文物考古史、雕刻艺术史的研究空白，更填补了秦汉以来墓道石刻的空白，成为国内现存数量最众、规模最大、雕刻最精的墓道石刻遗存，更是南宋时期宝贵的历史文化瑰宝。这些石刻雕刻精美，形象生动逼真，且部分墓道布局规整，整体保存较好，其规模之大、数量之多、保存之完好在全国范围内十分罕见。

延伸阅读

浙东第一古街庙后沟石牌坊

庙后沟石牌坊位于东钱湖畔韩岭村，作为市区连接象山港的重要交通枢纽和水陆转运中心，韩岭村地处东钱湖南岸，三面临山，一面临湖，山水相依，自然风光秀美，韩岭老街更有"浙东第一古街"的美称。

韩岭村历史源远流长，相传，因早年有韩姓居此而得名。韩岭是村更是"市"。据考证，唐天宝三年（744年），疏浚东钱湖时，这里已有人家。宋庆历八年（1048年），王安石治鄞重建湖界时，韩岭村已形成农历逢五、逢十的定期集市，人们因此称其"韩岭市"。史浩经韩岭村去祖居下水村时，曾在长诗《东湖游山》中写道："四明山水天下异，东湖景物尤佳致。……中有村墟号韩岭，渔歌樵斧声相参。"足见韩岭在当时很有名气。

韩岭村东北山坡上的庙后沟石牌坊，坐东向西，是二柱一间一楼仿木结构石牌坊。石牌坊采用当地梅园石建造，檐下为二跳一昂六铺作单拱素枋，上斗拱承托屋面，层层叠叠向外伸展。补间铺作置二攒重翘单昂斗拱，斗拱制作较规整。

> **链接**

2001年,东钱湖石刻群列为全国文物保护单位。2007年和2009年,来自东钱湖的"文臣武将"复制品曾作为"使臣"两度走出国门。在宁波与意大利佛罗伦萨市和德国海德堡市缔结友好城市的过程中,东钱湖"文臣武将"作为宁波的"代表"之一,成为新时代的文化使者。

据考证,我国的石牌坊源于木牌坊,庙后沟石牌坊无论构造还是细部做法均为木结构的模仿,与明清时期建的石坊有较大的区别,但与宋《营造法式》基本吻合,显然正处于木牌坊向石牌坊的转型期。目前,庙后沟石牌坊所在墓道已毁,墓穴及建筑物荡然无存,墓主无从考证。2001年,庙后沟石牌坊被国务院公布为第五批全国重点文物保护单位。

保国寺：江南现存最完整的宋代木构建筑

明州西北有一座山，被美誉为"灵山"。据《保国寺志》记载："灵山僻处海隅，故名人罕至，山又不甚高广，无大奇异。"灵山东面大海，满山松竹苍翠，山中涧流潺潺，山脚慈江蜿蜒。灵山东连象鼻峰，西带马鞍山，保国寺就坐落于灵山山腰。

相传，东汉世祖时，骠骑将军张意之子、中书郎张齐芳隐居于灵山，因而此山又名骠骑山。后其舍宅为寺，寺初名"灵山寺"，此即保国寺的前身。

唐会昌五年（843年），灵山寺被毁。唐广明元年（880年），国宁寺僧可恭应施主要求，前往长安上书朝廷，请求复寺，获得批准。唐僖宗李儇赐"保国寺"匾额，此后，便名为保国寺。

宋大中祥符四年（1011年），迎来了保国寺的第一次中兴。宋治平元年（1064年），朝廷赐"精进院"匾额。

重建于宋大中祥符六年（1013年）的保国寺大雄宝殿，是全寺的精粹，是长江以南最古老、保存最完整的木结构佛教建筑。大雄宝殿集宋代官式建筑营造技艺、大小木作、装饰彩画于一身，在中国古代木结构建筑发展史中占有重要地位。大雄宝殿全部结构不用一枚铁钉，全凭精巧的榫卯使斗拱层层相衔接，将建筑物的各个构件牢固地结合在一起，由此承托起整个殿堂重达五十吨的屋顶。

保国寺大殿还被称为"无梁殿"，因为大殿外表看起来好像没有大梁支撑，其实在前槽的天花板上，巧妙地安排了三个与整体结构有机衔接的镂空藻井，用天花板和藻井遮住了大殿的梁架，"鸟不栖、虫不入、蜘蛛不结网、梁上无灰尘"。这种巧妙的设计让人们站在下面不容易看到梁架所在，故有"无梁殿"的美称。

除了无梁殿的巧妙设计外，大雄宝殿还有以下主要特点：平面布置进深大于面阔，呈纵长方形，外面的空气直进直出，畅通无阻；柱子外观呈瓜棱柱，柱心四根小柱拼合，外面再包镶四瓣木条，柱身有明显的侧脚，既节约木材，又不影响牢固，且外形美观；大殿佛台西侧柱头上为方形木质栌斗，而东侧柱头上却为圆形石质栌斗，斗栱里转跳东侧为四跳，而西侧为五跳；梁伏、阑额做成两肩卷刹的月梁形式等。

大雄宝殿是一座罕见的古代木结构建筑，它不仅较好地保留了其建造时代的建筑形制和构件，且不少做法能与《营造法式》的规制及同时代建筑做法相印证，而且能进一步为《营造法式》中某些制度源自南方提供佐证。

大雄宝殿历经千年风雨沧桑，巍然如初，代表着11世纪初我国最先进的木结构技术，同时也在世界科学史上闪烁着光辉。

延伸阅读

《营造法式》

《营造法式》是宋将作监李诫奉敕编修的。北宋以来的百余年间，朝廷大兴土木，宫殿、衙署、庙宇、园囿的建造此起彼伏，造型豪华铺张，负责工程的大小官吏贪污成风，致使国库无法应付浩大的开支。宋元祐六年（1091年），将作监第一次编成《营造法式》，由皇帝下诏颁行，此书史曰《元祐法式》。但是，该书缺乏用材制度，工料太宽，不能预防工程中的各种弊端。宋绍圣四年（1097年），又诏李诫重新编修。李诫以他自身十余年修建工程之丰富经验为基础，参阅大量文献和旧有的规章制度，收集工匠讲述的各工种操作规程、技术要领，以及各种建筑物构件的形制、加工方法等，终于编成这本流传至今的《营造法式》，并于宋崇宁二年（1103年）刊行全国。这部中国古籍中最完整、最具有理论体系的建筑设计学经典，融人文与技术为一体，不仅标志着我国古代建筑技术已经发展到了一个新的水平，同时也是中国古代设计思想理论发展的重要界碑，由此奠定了现代中国的"营造之学"。

月湖：宋代人文荟萃之地

千载月湖，悠悠十洲。

月湖，古时称"西湖"，又称"鉴湖"，始开凿于唐代。唐贞观十年（636年），鄮县县令王君照初凿月湖。唐太和七年（833年），鄮县县令王元暐兴修水利，修建它山堰引水工程，并引流入城，形成"两湖"。圆处像太阳的湖叫"日湖"，曲处似月亮的湖叫"月湖"，合称"日月湖"。张岱的《陶庵梦忆》里有四篇记录明州的文章，其中一篇为《日月湖》，记载道："宁波府城内，近南门，有日月湖。日湖圆，略小，故日之；月湖长，方广，故月之。"

日湖在城南，月湖在城西。《宝庆四明志》记载："日、月二湖，皆源于四明山，潴城西南隅。南曰'日湖'，西曰'月湖'。二水支派，缭绕城市。往往家映修渠，人酌清泚。"

唐代，月湖的知名度并不高，诚如舒亶在《西湖记》中所说，月湖"僻在一隅，初无游观，人迹往往不至"。

到了宋代，月湖开始繁华起来，一批亭阁和桥梁陆续兴建。月湖文化的高峰也发生在宋代，极盛于宋元祐年间。这时候，月湖成为浙东学术中心、文人墨客憩息荟萃之地，官家府第、豪门别院、学者书院无不在此汇集。其实，千年前的月湖虽有水，却是块沼泽地。月湖真正形成景观是宋嘉祐三年到六年（1058—1061年）。

到了南宋，月湖更是有了"宋代人文荟萃之地"一说。月湖成为"宋代人文荟萃之地"是因为两个事件：一个是钱公辅在柳汀上筑众乐亭；另一个是刘淑、刘珵疏浚月湖，建十洲。

钱公辅（1021—1072年），字君倚，武进（今现江苏常州）人。宋嘉祐年间，钱公辅郡守明州，发现月湖淤塞，旱季时城中老百姓用水十分不便，于是他不但带领老百姓疏通淤塞，而且以艺术家的眼光浚湖修堤、遍植花木，以供人们参观游览。钱公辅带领老百姓所修的堤，名为"偃月堤"。"偃月"就是卧倒的月亮的意思，偃月堤正因形如弦月而得名。《四明谈助》记载："偃月堤，钱使君公辅所筑，在红莲阁下。当时置酒务于湖北，作堤其上，以辘轳引而注水。以今地望考之，碧沚之后是也。"

偃月堤修好后，钱公辅在堤上栽花植柳，在柳汀、憧憧两桥间建众乐亭，并邀请王安石、司马光等人写诗纪念众乐亭。后钱公辅到京城赴任，因思念月湖，写下《众乐亭诗》，司马光、王安石等人纷纷唱和，月湖、众乐亭之名盛极一时。司马光有诗云："横桥通废岛，华宇出荒榛。风月逢知己，湖山得主人。使君如独乐，众庶必深颦。何以知家给，笙歌满水滨。"

宋元祐八年（1093年），明州遭遇旱情，知州刘淑以工代赈，疏浚月湖，"环植松柳，复因其积土，广为十洲"。就这样，利用积土建成了"月湖十洲"。

到了宋绍圣年间，知州刘珵布楼阁亭榭，植四时花木，建成"十洲胜景"。"十洲胜景"东有菊花洲、月岛、竹屿，西有芙蓉洲、雪汀、烟屿，湖中四洲为芳草洲、柳汀、花屿、竹洲❶，人入其中，犹入仙境。此外还有湖心西桥、湖心东桥（又名月湖桥）、憧憧西桥、憧憧东桥、虹桥、衮绣桥、四明桥七座桥和偃月堤、广生堤、桃花堤三个堤。"十洲胜景"与三堤七桥构成了月湖上独特的人文景观。

刘珵是官员，更是诗人，他诗兴大发，留下了《咏西湖十洲》。此外赋咏的还有舒亶、陈瓘等。

从此，便翻开了月湖风雅的崭新篇章。

随着宋室南迁，月湖"十洲胜景"成为四明名门望族的择居佳处，逐渐形成世家宅邸林立、书楼讲舍遍布、庙堂寺院众多、园林泉石优美、文人墨客寻幽修心之地。著名的楼氏家族、史氏家族，都曾在月湖周边定居。楼氏家族居住在月湖竹屿，该家族出过许多人才，有修建高丽使馆和"万斛神舟"的楼异，有绘《耕织图》的楼璹和文学家楼钥等。史

---

❶ "竹洲"，原称"松岛"，后史浩改名为"竹洲"。

氏家族环月湖而居：湖东菊花洲上有史浩的寿乐府，湖西芙蓉洲上有史弥远的大观文府，湖中竹洲上有史浩的四明洞天，湖南、湖北亦为史家所居，故有"城中西湖之十洲，归史氏者，皆十七焉"之谈。

楼、史两家不光出将入相，还在月湖建了藏书楼。南宋时，月湖有两大藏书家，南有楼钥，北有史守之。全祖望在《湖语》中称："藏书之富，南楼北史。"

月湖湖畔，南宋魏王赵恺的涵虚馆、史浩的越王府、史弥远的卫王府，以及冯制使宅、丰尚书第、李尚书第、葛榜眼第、徐御史第、施都督府等，星罗棋布。王安石创办的鄞县县学，以及楼公讲舍、杨慈湖书院、城南书院、竹洲三先生书院等，可谓书院林立。

从《众乐亭诗》到十洲唱和诗，月湖在明州文化史上占有一席之地。特别是北宋的"庆历五先生"、南宋的"淳熙四先生"，以及四明学派、深宁学派、浙东学派等重要学术流派，一批批大儒讲学月湖，致力于儒学传播、民生教化。他们构成了月湖重要的人文景观，使月湖成为"宋代人文荟萃之地"。

李夷庚、钱公辅、刘淑、刘珵等几代人的智慧，使月湖成为城内最佳的"游观之所""四明行乐之处"。作为园林之湖，月湖是具有鲜明的两宋士大夫审美和江南园林特色的城市园林；作为学术之湖，月湖是浙东学术文化的摇篮；作为浙东诗路明珠，王安石、曾巩、史浩、吴潜等留下的诗作更使月湖积淀下悠久而深厚的文化宝藏。

延伸阅读

咏西湖十洲

芙蓉洲

翠幄临流结绛囊，多情长伴菊花芳。
谁怜冷落清秋后，能把柔姿独拒霜。

菊花洲
金蕊含香冒雨开，清无俗格绝尘埃。
休嗟不及东篱下，也有幽人载酒来。

月岛
众乐亭前月满洲，雨余风静正中秋。
桂华冷射千寻碧，十顷湖光烂不收。

雪汀
六出花轻巧剪裁，瑶林玉砌映高台。
冰澌四面寒光合，疑有飞仙月下来。

松岛
耻随杨柳娇春色，厌近芙蕖透暗香。
直干凌霜终偃蹇，愿为一柱壮明堂。

花屿
浅深艳冶一枝枝，带露临风不自持。
水上红云真缥渺，多才却忆退之诗。

芳草洲
春水池塘空苒苒，长安古道倍依依。
争如绿向芳洲遍，不怨王孙去未归。

柳汀
江渡隋堤千万缕，年年折尽最长条。
谁知烟雨汀洲晚，闲舞东风拂画桥。

竹屿
翠云摇曳波心起，清影扶疏月际来。
结实终期丹凤至，虚心聊映小桃开。

烟屿

闲伴晓云笼浅濑,半和秋雨羃寒沙。
溶溶泄泄拖轻素,遮尽渔蓑与钓槎。

第五章 ✿ 精工巧作:百世流芳的大匠智造

通济桥：浙东第一桥

通济桥，又名舜江桥，民间称"江桥"。通济桥横跨余姚城中的姚江，沟通余姚南北两城，桥如长虹卧波，气势雄伟，是姚江上最长、最高的桥，故有"浙东第一桥"的美称。

通济桥是一座斗拱式三孔两墩石桥，桥面中心宽5.61米，主孔净跨14.2米。桥顶栏板里侧刻有对称的莲枝浮雕花纹，线条流畅。二十四根望柱上都刻有石雕，其中桥顶四根望柱上雕刻着狮首石像，形态逼真，精致秀丽；桥南坡和北坡的望柱上雕刻着形态各异的莲花座。在主拱圈两侧边墙上，分别刻有对联，朝东联为"千时遥吞沧海月，万年独砥大江浪"，朝西联为"一曲蕙兰飞彩鹢，双城烟雨卧长虹"。整个桥型显得稳重、雄伟。

姚江面阔浪急，唐代以前一直没有桥梁，两岸交通全靠沿江众多渡口承担。《余姚县志》记载，通济桥始建于北宋庆历年间。相传，庆历八年（1048年），余姚县令谢景初在北城南门口建了一座木桥，取名德惠桥。宋崇宁五年（1106年），邑人莫若鼎出资重修德惠桥。宋建炎三年（1129年），康王赵构被金兵追杀至余姚，经德惠桥驾舟入海。金兵见抓不到赵构，一怒之下烧毁德惠桥，一年后德惠桥得以重建。宋景炎元年（1276年），张元杰因抗元失利，率残兵退走海上。途经余姚时，为防止元兵追击，张元杰挥泪烧掉此桥。

元至顺三年（1332年），德惠桥改筑石桥，定名"通济桥"。通济桥现存桥身为清雍正七年至九年（1729—1731年）重建，桥旁立有一块石碑，上有"海舶过而风帆不解"八个字，可见其高大雄伟之势。

链接

2011年1月,通济桥被公布为第六批省级文物保护单位。2019年10月,通济桥被列入第八批全国重点文物保护单位。

铜壶刻漏：千年前世界上罕见的大型计时器

宋代，是中国科技发展史上的高峰。北宋时期的宁波鼓楼上，有一件科技含量很高的装置，就是铜壶刻漏。

鼓楼，最早叫谯楼，"谯"原义通"瞧"，有瞭望之意，谯楼的意思就是"古时城门上的瞭望楼"。筑城的时候，必建谯楼，此为汉代遗风。谯楼内一般悬有巨钟，晨昏撞击，老百姓听了，会顿生敬畏之心。"门上为高楼以望，曰谯"，谯楼平时报时，战时报警。传说以前楼上还有更鼓，"天明击鼓催人起，入夜鸣钟催人息"，所谓晨钟暮鼓便来自此。

五代后梁开平三年（909年），朝廷在明州设置了明州望海军，谯楼改名为"望海军楼"。

"奉国军楼"是宁波鼓楼在宋代的曾用名。相传，改名奉国军楼，跟康王赵构有关。当年，金兵入侵中原，赵构为了逃避金兵，从杭州一路逃到明州。赵构被金兵穷追不舍，突然看见眼前高耸入云的明州鼓楼，他无路可逃，只能暂时躲进里面。这时忽然天象大变，云雾中出现唐时为抗击安禄山叛军，坚守抗敌而殉国的张巡、许远、南霁云、姚訚、雷万春五人。他们挥舞着大旗，身穿戎装，腾云驾雾前来救赵构。这个时候，金兵追到了鼓楼，却见蛛网密布，一片荒芜，以为无人进入，便往其他地方寻找，赵构这才幸免于难。后来，赵构成为宋高宗，下诏追封鼓楼为"奉国军楼神祠"，并在祠中为这五位救命恩人塑像祭祀。

遗憾的是，明万历年间，奉国军楼毁于一场大火。

明万历十三年（1585年），时任宁波太守的蔡贵易重建鼓楼，取名为"海曙楼"。当时，有一首广为流传的《海曙楼》诗，由布衣诗人沈明臣所作，并由沈明臣侄子、万历朝的首辅沈一贯为记。按照沈一贯的意思，海曙楼之名，是取自"海定波宁、沧海为曙"的典故。

谯楼上一般设有刻漏。刻，指附有刻度的浮箭；漏，是指带孔的壶。铜壶刻漏，也叫铜壶滴漏、漏刻、漏壶，就是用一种特别的方法去控制水滴的流速，来确保计时的准确性。这是中国人发明的一种计时器，在没有钟表的年代，古人用刻漏计时，而城中谯楼上的刻漏，便是老百姓认知中的标准时间。

我国现存最早的一套漏壶是元延祐三年（1316年）铸造的铜漏壶，现藏于国家博物馆。

宁波鼓楼上的铜壶刻漏，是千年前世界上罕见的大型计时器。它主要包括：三个方水壶，一个受水壶箭刻，报时铙神。刻漏是以水的流动力学原理，推动受水壶内的标尺升降来计时。在古代，箭尺还刻有九十六格，每格为十五分钟，能自动报时八下。

据宁波最早的一部地方志南宋《乾道四明图经》记载，宁波子城的"奉国军楼中有刻漏"，王安石为"鄞宰"时曾"铭之"，并详录了王安石所作的《新刻漏铭》："戊子王公，始治于明。丁亥孟冬，刻漏具成。追谓属人，嗟汝予铭。自古在昔，挈壶有职。匪器则弊，人亡政息。其政谓何，弗棘弗迟。君子小人，兴息维时。东方未明，自公召之。彼宁不勤，得罪于时？厥荒懈废，乃政之疵。呜呼有州，谨哉惟兹。兹惟其中，俾我后思。"此铭文大意是：自古以来，"挈壶"（管理刻漏）都是一个重要的岗位，如果管理的人出了问题，那么世界就会乱套。理政就像这套计时系统一样，不能快也不能慢；一定要勤奋，不能偷懒，不然政务也会荒废。

宋绍兴三十一年（1161年），明州地方长官韩仲通曾特地向一个叫祝岷的人请教"莲花漏"的造法。"莲花漏"是铜壶滴漏的升级版，计时更准。韩仲通还请签判许克昌捉刀，写了一篇《明州新造莲花刻漏记》刻在石头上，可惜原石不复存在。

幸运的是，南宋末期，明州来了一个地方官叫颜颐仲，他把前面这些材料全部汇编成《铜壶漏箭制度》，该书是研究中国古代刻漏发展史的重要资料，表明宋代是我国刻漏发展史上的最高峰。该书尚存有清抄本，为孤本，现藏于中国国家图书馆。

时代价值

不论是当时世界最先进的大船"万斛神舟",还是世界最丰富的南宋历史文化瑰宝南宋石刻群,不论是江南现存最完整的宋代木构建筑保国寺,还是千年前世界罕见的大型计时器鼓楼铜壶刻漏,这些科学技术无不体现着匠心宋韵,以及日常生活领域的物质之韵、发明领域的智识之韵。

当今世界,科技发展日新月异,国际竞争日益激烈,风险挑战日益加剧,要发挥浙江在互联网、数字化、人工智能等科技领域的创新优势,在努力掌握关键技术、取得世界一流科技成果上争创佳绩。而宋代创新求变、科技攻坚的精神,正值得当下的我们努力借鉴和学习,这一宋韵文化精神也为我们发展科教文卫事业奠定了坚实的人文基石。

挖掘宋代建筑特有的艺术风格和历史传承,有助于活态传承中国历史中优秀的文脉,唤起全世界华人的情感记忆和文化认同,有助于我们感受博大精深的中华优秀传统文化,唤醒自身的文化自觉意识认同,激发我们的民族自豪感和爱国热情,增强人们对宋韵文化的感知和体验。

第六章

俗世繁华：烟火市井的多元社会

诗话导言

夜合花·洞天

史 浩

三岛烟霞,十洲风月,四明古号仙乡。萦纤雉堞,中涵一片湖光。绕岸异卉奇芳,跨虹桥、隐映垂杨。玉楼珠阁,冰帘卷起,无限红妆。

龙舟两两飞扬。见飘翻绣旗,歌杂笙簧。清樽满泛,休辞饮到斜阳。直须画蜡荧煌。况夜深,不阻城隍。且拼沉醉,归途便教,彻晓何妨。

南宋时期,社会生产力快速发展,商品经济日益繁荣,理学思想日益普及,给人们的社会生活带来了方方面面的变化,也对人们的社会意识和风俗习惯产生了巨大的影响。南宋时期,带有明显消费性和商品化色彩的城市文化娱乐活动逐渐兴起,都市生活丰富多彩,日益发展成为一种全国性的普遍现象。南宋开启了我国社会的平民化进程,呈现出我国古代社会前所未有的开放性。

说到宋代,人们常常想到北宋著名画家张择端的《清明上河图》。《清明上河图》通过对世俗生活的细致描绘,生动地再现了北宋汴京的繁荣景象,是一幅用现实主义手法创作的长卷风俗画,更是我国绘画史上的无价之宝。

生活是宋韵文化不可或缺的组成部分,宋人的生活美学也赋予了宋韵文化的独特气质。宋韵文化反映了当时社会生活的状态,构筑着优雅的生活方式,体现了高雅的审美情趣。

塘河：明州城市的生命线

明州是典型的海港城市，有着"三江六塘河，一湖居中央"的水网格局。三江为余姚江、奉化江和甬江；六塘河是城东的前塘河、中塘河、后塘河，城西的南塘河、西塘河、中塘河；一湖则为月湖。

纵观世界，水与城市的发展息息相关，世界上主要的大城市都是紧邻水系，逐步形成、发展和兴盛。水因此成为城市的诞生地、文明的起源点。

回首明州城千年历史，从春秋战国时期的句章古城，到唐代明州城、宋元庆元府、明清宁波府，每一个阶段的城市发展都离不开水系的作用。

塘河，是人们在修建抵抗海水或者潮汐江水的陂塘的过程中，利用天然水源，配合堰、碶、闸等水利设施，建造的具备阻咸蓄淡、引水灌溉、行洪排涝、通航运输等多种功能的水系系统。

从唐代子城建立之前零星的水利建设，到唐代治源头、宋元治干流、明清治小流域，明州地区逐步形成了以六条塘河为核心的塘河水系系统，并延续至今，已有一千多年的历史。

最早开凿的南塘河，始建于唐太和六年（832年），为六塘河中开凿最早的一条，也是一条主要为市区供水的引水河渠。南塘河是繁华的，史载"南门三市，船舶争集，人声鼎沸"，樟溪水经它山堰分流后，堰上之水在鄞江镇由官池东趋洪水弯，出洞桥，经横涨桥，注栎社村，历石碶、段塘，自南水门入城。南塘河与奉化江平行，沿途设置碶闸较多，沿河村镇密集，是引樟溪水入鄞西河网和行洪、灌溉、航运的骨干河道，在广德湖被废后是引水入城的最主要的河渠。

除南塘河外，西塘河等五条塘河始建于宋代。

西塘河，始建于宋政和七年（1117年），广德湖废弃之后，是广德湖北塘遗迹。西塘河源出高桥，在望春桥与中塘河汇合，由西门口注入护城河。九里浦河、叶家碶河、七里碶河、新河等为其支流。西塘河作为姚江自然河道的复线接入浙东运河系统，是浙东运河的重要组成部分。西塘河，是浙东运河宁波段的主要水路，也是宁波通往杭州，连接京杭大运河的重要航道。

城西中塘河，亦始建于宋政和七年（1117年），也是广德湖遗存河道。中塘河源出横街，合桃坑之水注入林村大溪，并涵凤岙、桃源之水趋集仕港、卖面桥，往东北方向出望春桥与西塘河合流，入西门口，是横贯鄞西平原中部的主要河流。凤岙市河、梅梁桥河、集仕港、西洋港等为其支流，中塘河在鄞西平原的灌溉、航运方面产生有较大作用。

城东的前塘河、中塘河和后塘河均开凿于宋嘉祐年间，是在对东钱湖的疏浚期间形成的。

前塘河源出横溪镇白岩山九曲岭，汇道陈岭、乾坑、画梁三路水于横溪，出横溪，东受栎斜、东钱湖的大堰、高湫二碶之水；西南纳白杜、茅山、姜山来水，经云龙、下应、横石桥与中塘河相接，流至江东区新河头。

中塘河受东钱湖莫枝堰下注之水，北迤经沙家垫、鹅颈汇、泗港、潘火桥至横石桥与前塘河汇合，通至江东新河头。下应河、花园河、小塘河为其支流。

后塘河起自东钱湖流域的三溪浦溪流，经五乡与来自宝幢上游河水汇流后，一路向西经盛垫、福明、七里垫至大河头，是鄞东行洪、引流、蓄水、灌溉、航运的主要河道。唐代日本僧侣从三江口登陆，前往天童寺、阿育王寺主要走的便是这条水道。

江是通海的潮汐大江，塘河则是内河的干流系统，"三江六塘河"联系着无数条小河汊，造就了"三江成网、六塘织造"的水系格局，营造出"三江六塘河,一湖居其中"独特的整体环境格局,成为明州最鲜明的人文地理景观。

如果说三江赋予了明州强大的交通能力,成就了东南港埠,那么塘河就是明州城市的生命线,养育了富庶的江南水乡。

第六章 �֎ 俗世繁华:烟火市井的多元社会

"厢坊市井"：明州城烟火画卷

有人说，书卷味也好，艺术气也罢，永远离不开乡野田园，永远少不了市井百态。

市井，既是买卖商品的场所，又是街市。唐玄宗时期的《初学记》载："古者二十亩为井，因井为市，故云也。"市井，不但含有"街市、市场"之意，而且含有"粗俗鄙陋"之意。市井多烟火，烟火汇文化。市井文化是一种生活化、自然化甚至是无序化的自然文化、市民文化。

明州的市井文化离不开"厢"，更离不开"坊"。"厢"本义为东西廊，指正房前面两旁的房屋，《说文·新附》载"坊，邑里之名"，是专门供居民居住的地方。

宋代初期，明州实行坊市制度，即商民分隔制度。坊为民居，市为市场，居民在坊中生活，贸易在市中进行。做生意的不能随街设店，而要到专门的市里，也就是政府专门设官管理的"市井"。明州老城时，居民被组织分布在规范的街巷，老城被划分为东南、东北、西南和西北四个"厢"，每个厢里各有坊。明州老城中的"市井"位于开明坊县治前后："大市"在县治前东牌坊到西牌坊之间；"中市"在县东按察分司前；"后市"在县后魏家巷一带，北到干溪头。另外，城外江东还有"甬东市"，以及周边的"草市"。

宋代中期，随着经济的快速发展，坊市制度受到冲击，开始逐渐瓦解、崩溃。尤其到了南宋，宁波地近京畿之地，城市人口迅速增加，市打破了原来封闭式的局限性，逐步扩展到城市的主要街道，居民甚至能在家门口或者在家里就做起买卖来。

> 链接

《宝庆四明志》记载，明州老城当时分为东南厢、东北厢、西南厢、西北厢共五十一坊。

东南厢共有锦勋坊、握兰坊（新桥东）、清润坊（新桥南）、连桂坊（施家巷口）、余庆坊（西南厢交界）、重桂坊（新寺巷口）、兴廉坊（洗马桥下）、进贤坊（洗马桥南）、吉祥坊（破石桥南）、康乐坊（皂角庙巷口）、锦乐坊、迪教坊（车桥南）、积善坊（小江桥南）、状元坊（天封塔下）十四坊。

东北厢共有千岁坊（南湖头）、安平坊（天庆观前）、阜财坊（小梁街巷口）、开明坊（鄞县前）、拱星坊（廊头巷口）、富荣坊（能仁寺巷口）、广慧坊（大梁街巷口）、泰和坊（县河下）、宣化坊（魏家巷）九坊。

西南厢共有纯孝坊（府桥西）、美禄坊（四明桥西）、迎凤坊（四明桥东）、问俗坊（史府前）、史君坊（史府前）、众乐坊（均奢桥西）、释褐状元坊（均奢桥南）、行春坊（宝云寺西）、灵应坊（宣府前）、符桂坊（汪运使桥西）、昼锦坊（楼府东）、振名坊（仓桥北）、顺成坊（仓桥下）、绶带坊（崇教寺后）、惠政坊（天宁寺南）十五坊。

西北厢共有宜秋坊（应家巷口）、寿宁坊（虹桥北）、崇孝坊（路分衙侧）、永济坊（奉国楼前）、恤仁坊（佛阁下）、广仁坊（白衣寺巷口）、朝士坊（戴家巷口）、修文坊（孝文巷口）、影泉坊（蔡家巷口）、儒行坊（鉴桥下）、朝桂坊（顶戴桥下）、状元坊（鉴桥下）、状元坊（府学前）十三坊。

> 延伸阅读

"三十六行"：明州人生活图景

"三十六行，行行出状元"，这是坊间常说的一句话。除了"三十六行"，还有"七十二行，行行出状元""三百六十行，行行出状元"等说法。

这里的"行",指的是各行各业的行当,是社会的工种,既反映了中国古代和近现代社会的鲜活生活场景,又记录了各地丰富多彩的民俗民风等。

早在唐代,就有"三十六行"的分法。到了宋代,周辉的《清波杂志》中,更有肉肆行、海味行、酱料行、花果行、鲜鱼行、宫粉行、成衣行、药肆行、扎作行、棺木行、故旧行、陶土行、仵作行、鼓乐行、杂耍行、皮革行等记载。

周成树所著的《三百六十行大全》(上海人民出版社,2009年版)中列举了农林牧渔行业、饮食糖果行业、纺织服饰行业、手工业、交通运输行业、医药卫生行业、文化教育行业、休闲娱乐行业、工艺美术行业及其他社会行业十个部分,共三百六十行。

周时奋所著的《宁波老城》(宁波出版社,2008年版)中提到,宋元时期已有"一百二十行"一说,宁波老城里个体操作行业竟有四百一十四行之多,包括常设店铺、手艺匠作,以及"吃歪饭"和"下三流"等。

七塔寺：明州城区唯一保存完整的大规模佛寺

浙东有四大佛教丛林，即天童寺、阿育王寺、七塔寺、延庆观宗寺。其中的七塔寺全称为"七塔报恩禅寺"，又称为"七塔禅寺"，位于宁波市鄞州区，南至百丈路，西靠箕漕街，北接箕漕街三十八弄，东近彩虹北路。

七塔寺始建于唐大中十二年（858年），是明州城区唯一保存完整的大规模佛寺。当时有江西分宁宰任景求舍宅为寺，敦请天童寺退居方丈心镜藏奂禅师居之，是为开山始祖。七塔寺初名东津禅院，后更名栖心寺。寺内有咸通十四年（873年）所立的心镜藏奂禅师舍利塔。

宋大中祥符元年（1008年），宋真宗敕改栖心寺为崇寿寺。当时，寺院已成为四明著名道场，与同处市区的天台宗山家派延庆寺相并立，并为山家派提供了不少优秀人才，如广智法孙明智中立等。宋政和八年（1118年），宋徽宗因受道士林灵素之惑，崇迷道教，下旨将部分大型佛寺改为道观，崇寿寺被改为神霄玉清万寿宫。宋宣和二年（1120年），还复原寺名，"栖心"与"崇寿"并用。

宋乾道三年（1167年），日本派遣使节致书四明郡庭问佛法大意，郡庭太守召集众僧研读使函，无人敢出面应命。栖心寺维那忻然而出，当场拆封读信，随读随指出日本来书的七处错误，并逐条进行了分析解答，使日本来使惭惧而退。栖心寺维那为国争光，为佛教争光，被太守尊称为"天下维那"。

明代初期，为防倭寇，负责海防的大将汤和实行坚壁清野策略，迁海岛居民入内地，焚毁普陀山宝陀寺（即普济寺前身）殿舍三百余间，普陀山宝陀寺观音像也被迁入七塔寺内供奉，因而寺名改为补陀寺。清康熙年间，寺院重修佛殿、山门、钟楼、大悲殿等，因寺前立有七座佛塔（喻示过去七佛），代表着禅宗的起源，因而得名七塔禅寺。清末，慈运长老任七塔寺住持，传布临济宗，形成"七塔寺法派"。清光绪二十一年（1895年），慈运长老晋京请颁《龙藏》一套，并蒙光绪皇帝敕赐"报恩寺"匾额，自此该寺全称"七塔报恩禅寺"。

 链接

2011年，七塔寺被列入浙江省文物保护单位。

妈祖文化：从宁波走向世界

明州作为我国对外贸易的主要口岸和"海上丝绸之路"的始发港之一，随着港口的发展，明州经济繁荣发达，海外贸易往来十分频繁，众多商贾云集于此。

历史上，来自全国各地的商人依托明州港，开设商号，经营货物，繁荣了海上贸易，同时也促进了妈祖文化的传播和发展。

相传，宋建隆元年（960年）农历三月二十三日，妈祖出生在福建莆田湄洲岛。妈祖姓林，据说妈祖出生后不哭不闹，因而家人为她取名"默"，按照莆田习俗，女孩名字后面须加个"娘"字以表示尊重，于是妈祖名叫林默娘，小名默娘。

妈祖从小天资聪慧，既熟悉水性，又洞悉天文，既掌握医术，又懂得消灾之法。由于乐于助人、帮助乡亲避凶趋吉，妈祖逐渐声名远播。妈祖成年后，更是经常拯救乡亲于海难之中，帮助渔民摆脱困境，于是深受渔民爱戴。宋雍熙四年（987年）九月初九，二十八岁的妈祖在海上搭救遇险船只时不幸遇难。妈祖遇难后，老百姓在她经常举灯引航的湄洲岛湄洲峰上建庙祭祀。这是莆田境内第一座纪念妈祖的庙宇，也是世界上第一座纪念妈祖的庙宇，即湄洲妈祖祖庙。湄洲妈祖祖庙祭典与陕西黄陵黄帝陵祭典、山东曲阜祭孔大典并列中华三大祭典。

妈祖获封成为中华民族的航海保护神，以至通过"海上丝绸之路"传播至世界各地，源于宋宣和年间从明州出发的一次航海外交活动。

宋宣和五年（1123年），给事中路允迪一行人乘两艘"万斛神舟"和六艘客舟从明州港出发，奉使高丽。不料去时一帆风顺，返回时却突遇狂风巨浪，旅途艰难。传说，危急时刻，路允迪等求祷于妈祖，临危见一神女立于樯指引航向，五昼夜后，终于顺利抵达港口。

宋宣和六年（1124年），宋徽宗听闻此事后，下诏封林默娘为"湄洲神女"，赐庙额为"顺济"。顺济，即宋元丰元年（1078年）在招宝山船场建造的一艘万斛大船的船名。

这是妈祖第一次受到皇帝册封，妈祖信仰因此得到了朝廷的认可。从此，历代皇帝对妈祖的褒封逐步升级。从宋宣和六年（1124年）到清同治十一年（1873年），四个朝代共十四个皇帝先后对妈祖敕封了三十六次，如宋绍兴二十六年（1156年）被封为"灵慧夫人"，宋绍熙三年（1192年）被封为"灵慧妃"等。妈祖从一个僻处海隅的地方神祇，经历代封诰擢升，成为举国共仰的"天后"。

妈祖信仰在沿海各地广为传播，与当地原始的海洋文化相结合，逐渐形成以妈祖崇拜为主体的民间祭祀习俗。有资料显示，清代全国各地由商帮会馆创建的天后宫近二百座，其中明确记载由福建商帮兴建或参与兴建的天后宫有一百四十余座，以江浙、上海、天津、山东的沿海城市居多。

宁波的妈祖信仰历史悠久，始自北宋晚期，鼎盛于清中晚期。宁波的妈祖信仰主要传自福建莆田商人。因地处沿海，莆田的造船、手工制造、海运、商贸等行业都特别发达，莆田商船行到哪里，就把妈祖信仰带到哪里。明州作为港口城市，国内外舶商的通商贸易活动十分兴盛。尤其是大量闽粤商人在明州经商，在经商的同时，福建商帮也把妈祖信仰带到了浙东一带。

宁波首个妈祖庙灵慈宫便由福建莆田商人建造，灵慈宫又叫灵慈庙、天妃宫、妈祖行宫。据记载，宋绍熙二年（1191年），定居在宁波东渡路的福建莆田籍船长沈法询在航海往海南的路上遭遇狂风，危急时刻求助妈祖，得以度过危难。于是他们到福建莆田，取了当地妈祖庙的炉香，回到来远亭北侧（即今江厦街与东渡路交会处）的住宅，只见红光异香满室，于是沈法询就把自己的住宅捐为庙宇，又增加了部分官地，捐资募众，创殿设像，由此诞生了浙东地区第一座妈祖庙。

甬籍舶商所建规模最大、最为著名的天后宫，当属位于甬江东岸、与闽人所建的老天后宫隔江相望的甬东天后宫。甬东天后宫又称庆安会馆，为清咸丰三年（1853年）甬籍北洋舶商所建，其规模之大，在当时宁波首屈一指。甬东天后宫每逢旧历妈祖诞辰和升化之日，都要举行盛大的祭祀活动，成为弘扬妈祖文化的主要场所。

链接

据《世界妈祖庙大全》统计，全世界有六千多座妈祖庙，分布在三十五个国家和地区。据不完全统计，最鼎盛的时候，宁波（包括舟山）有天后宫一百三十多座。

2009年，联合国教科文组织将"妈祖信俗（文化）"选入世界非物质文化遗产名录，标志着妈祖文化正式成为全人类共同的文化遗产。

慈城慈湖：一方慈孝之地

慈湖，又称阚湖、德润湖、普济湖，位于明州城西北、慈城北。为了纪念三国时期吴国大儒阚泽（字德润）曾寓居于慈湖，人们以其字"德润"为湖命名。

慈城，建城于春秋时期，为越王勾践所建，原址在慈城南王家坝，史称"句余""句章"。慈城拥有二千五百多年的建城史，二千二百多年的建县史，是江南史前文明的杰出代表。

唐开元二十六年（738年），划越州东部另设明州，明州下属原句章故地置为一县，朝廷派房琯为首任县令。房琯踏遍句章山山水水，最终选择九龙戏珠的地方作为风水宝地，迁建县治。

相传，房琯登上浮碧山，眺望到东北阚峰下巍峨耸立的董孝子祠时，不禁被董黯"汲水奉母"的事迹所感动，于是就把句章改为"慈溪"，后人习惯把慈溪县城简称为"慈城"。慈城历史上第一个状元方山京曾写下"古井千年尚著名，只缘慈孝不胜情"的诗句。

董黯，字叔达，有"甬上孝子第一人"的美称，句章县石台乡（今余姚市大隐镇）人。相传董黯为西汉著名儒学大师董仲舒的六世孙，家境贫寒，幼年丧父，与母亲相依为命，因事母至孝事迹在民间流传甚广，有口皆碑。东汉延光三年（124年），朝廷敕封其为"孝子"，并立祠以祀。

《宁波市志外编》记载："奉母至孝，董母嗜溪水，黯筑室溪旁，以便汲饮，现慈溪市名由此而来。"这个传说最早记录在虞预的《会稽典录》中。当时，董黯母子住在慈湖北面的阚山脚下，与大隐溪相距三十多里。由于久病不愈的母亲思饮故乡之水，董黯便每天往返六十多里山路，到大隐溪的上游担水。说来也怪，喝了大隐溪的溪水后，母亲的身体竟日渐好转。乡亲们感动于董黯的一片孝心，就帮忙在与大隐溪相通的浮碧山脚下挖了一口井，这口井后来被人们称为"董孝子井"，大隐溪也随之改名为慈溪。

慈城还产生了慈水、溪上、孝溪、孝水、三孝乡等别称和俗称。1954年，慈溪县治迁到三北浒山，作为原慈溪县城的慈城，先改称慈溪镇，后改为慈城镇，并一直沿用至今。

慈湖始开掘于唐朝。房琯把县治迁到浮碧山以南时，命人开挖湖水，灌溉农田。慈湖这时候还不叫慈湖，最终为慈湖命名的人是杨简。

杨简（1141—1226年），受东汉董黯汲水奉母事迹的影响，自号慈湖，后人称其为"慈湖先生"。杨简认为，既然以慈名溪，又以溪名县，当然也要以慈名湖，于是将阚湖改名为"慈湖"。

慈城人杰地灵，是一座深受儒风浸润的古城。从南到北、由西往东，星罗棋布地分散着大大小小的书院。从唐代至清代，慈城共创设过十四所古书院，这在国内也是不多见的，比如石坡书院、西溪书院、石峰书院等。其中名气最大的是德润书院、慈湖书院和宝峰书院，因三者之间有着师承关系，故又被称作"慈城三书院"。

其中慈湖书院是当时全国著名的书院之一，其前身是南宋嘉泰元年（1201年）慈城心学大师杨简创办的谈妙书屋。杨简去世后，他的子孙和弟子在谈妙书屋旧址创立了慈湖书院。

慈湖是慈城风物的精华所在，不但有"半倚城市半傍水"的位置优势，而且有"长堤横卧桥映波"的独特风光。陆游的《秋思》赞美道："日落江城闻捣衣，长空杳杳雁南飞。桑枝空后醅初熟，豆荚成时兔正肥。"宋代进士桂锡孙也曾盛赞慈湖美景："一碧浸空，千翠倒影，山含采而水含晖。"

杨简对慈湖情有独钟，他所作《慈湖诗》序曰："嘉泰昭阳大渊献，筑室董孝君祠之西，下有湖焉，某曰：溪以董君慈孝而得名，县又以是名，则是湖宜亦以慈名。"

杨简曾讲学于慈湖阚峰山麓谈妙涧旁，其讲学处取名谈妙书屋。杨简去世后，后人在这里建起专门祭祀他的祠堂，即杨文元公祠。人们在祠堂内讲学，这便是慈湖书院的发轫。宋咸淳七年（1271年），在郡守刘黻的主持下，慈湖书院在普济寺东首重建。

慈湖最大的贡献，也许是孕育出南宋时期四明学派著名学者、"淳熙四先生"之一的杨简。心学一脉，"陆王"齐名，王是王阳明，陆则是陆九渊，杨简正是陆九渊心学的主要继承者和传播者。杨简一生为官清正、著述颇多，后人对杨简的学术和人格方面都有高度评价。

慈城的官学、私塾和众多书院共同构成了慈城的教育体系。在慈城，几乎每户都有"读书起家""读书为第一要事"等祖训流传下来。据史料记载，自唐至清，慈城出过五名状元、五百一十九名进士以及数以千计的举人，也造就了为数不少的文化望族。

董黯的孝行及人格魅力深深地影响着后人，慈城也慢慢地形成了母慈子孝的民风。光绪《慈溪县志》记载，慈城自唐开元二十六年（738年）设县以来，单是受到皇帝旌表的孝子（女）就有三十多位。其中著名的有唐代替父守墓的孝子张无择、宋代割肝救母的孝子孙之翰等，慈城也由此被称为"三孝乡""三孝镇"。

"千年宁波看慈城"，慈城是目前江南地区保存最完整的千年古县城。慈城南面有两江，北东西三面群山环绕，县城坐北朝南，是堪舆学说中别具一格的风水宝地，也是我国古代县治中少有的天然形胜的标本。慈城老城的结构横平竖直，拥有规整的"双棋盘格局"，被专家称为"中国传统县城的典型代表"。

链接

> 1991年，慈城跻身浙江省历史文化名镇之列；2005年慈城被评为中国历史文化名镇；2006年慈城六处古建筑群被列为全国重点文物保护单位。目前，慈城成为我国首个"中国慈孝文化之乡"。

雪窦山：四明第一山

有"四明第一山"美誉的雪窦山，自古秀甲四明。

雪窦山在唐代以前一直被称为瀑布山，以幽谷飞瀑胜景饮誉我国东南。在唐代，这里是"浙东唐诗之路"东支线中转地。

雪窦山佛教初创于晋代。宋咸平二年（999年），寺名被宋真宗改为"雪窦资圣禅寺"。宋景祐四年（1037年），宋仁宗因弥勒感应而梦游雪窦山，敕谕"应梦名山"，从此奠定了其东南名山的地位。

雪窦山四面群峰环列，唯东南方向有一缺口，为入山之门户。这里有座翘檐的古朴亭子，叫"御书亭"。亭正中有一石碑，上刻"应梦名山"四个大字。

雪窦寺住持广闻禅师所撰《御书应梦名山记》记载，宋仁宗赵祯曾梦游"八极之表"，醒来后，深为梦中美景所吸引，就派人到全国各地画天下名山进呈，供他对照。当他看到雪窦山"双流效奇，珠林挺秀"的景观时，一下子被吸引住了，认定雪窦山就是他梦见的"八极之表"。于是派内侍张履新携带沉香木雕山一座、龙茶三百片、白银五百两、御服一套，赏赐给雪窦山寺内众僧，并且下令免除山民徭役，禁止上山采樵，以保护山林美景。从此，雪窦山声名大振。

宋淳祐五年（1245年），宋理宗又亲笔题写了"应梦名山"四个大字赐给雪窦寺。住持广闻禅师于第二年在山口，刻石建亭以资纪念，取名"御书亭"。现存亭子为清光绪二十年（1894年）所建。亭为方形，三面开门，北面墙壁嵌一石碑，正面分两行直书宋理宗御书"应梦名山"四字，背面刻广闻禅师撰写的《御书应梦名山记》："淳祐五年冬，皇帝亲洒宸翰，题应梦名山四大字赐雪窦资圣禅寺……"。

南宋时雪窦寺被定为天下禅寺，为"五山十刹"之一。

延伸阅读

江南第一风流才子唐伯虎题名的入山亭

入山亭位于雪窦山东南麓登山入口处，离溪口约五里。20世纪50年代前，从入山亭到雪窦寺这条古道，是去雪窦寺的唯一通道。

宋至和二年（1055年），雪窦寺僧达观颖主持营建此亭，称"雪窦山亭"。后亭子几经废兴，于元后至元元年（1335年），寺僧石室瑛重建入山亭。明万历年间，更名为"雪窦禅关亭"，凸显此亭为雪窦礼佛山麓头门之意，意思是把守雪窦寺东边关卡的亭子，后名"入山亭"。明朝兵部右侍郎、诗人宋琰曾为此亭作诗一首："一亭西入梵王家，百折千盘路转赊。山乌似知来客意，数声啼上石楠花。"

相传，自称"江南第一风流才子"的唐伯虎前往雪窦寺观光，走到入山亭时气喘吁吁，他坐在亭子里问随从："这叫什么亭？"随从不见有任何字，就回道"无名亭"，然后感叹道："干脆你给它题个名，不枉到此一游！"恰好看到有个卖炭人肩挑木炭从岭上下来，随从连忙走上前去讨得一块木炭，唐伯虎拿起木炭，便留下了"入山亭"三个大字。

阿育王寺：我国现存唯一以阿育王命名的千年古寺

阿育王寺，位于明州宝幢太白山麓，有"东南佛国"美称，名列禅宗"中华五刹"。因寺内藏有释迦牟尼的真身舍利而举世闻名，也是国内现存唯一以阿育王命名的千年古刹。

阿育王是古印度摩揭陀国孔雀王朝的国王，后来皈依佛教。相传阿育王在世界各地建造宝塔八万四千座，用来供奉释迦牟尼真身舍利，凡遇"八吉祥六殊胜地"，便安放一座宝塔。

明万历《明州阿育王寺山志》中有这样的记载，晋太康三年（282年），并州（今山西太原）稽胡族的下级军吏刘萨诃病危时，梦见一梵僧示意超度，指示他南下去寻找阿育王所造的舍利宝塔。刘萨诃醒来后当即出家，法名慧达，并按照梦中所示，寻求宝塔。为寻找舍利宝塔，他踏遍青山，一天，他来到明州城的鄮山乌石岙时，忽然听见钟声铮铮响于地下，便竭诚膜拜诵经。三日三夜后，宝塔从地下涌出，光明腾耀。于是，慧达手持宝塔四处化缘，造寺院来安放宝塔。

寺院建成后，晋武帝有感于此，便以印度国王的名字亲赐匾额，名为"阿育王寺"，鄮山也因此更名为"阿育王山"。

五代后周显德五年（958年），阿育王寺遭火毁，宋开宝六年（973年），得以修复。宋大中祥符元年（1008年），阿育王寺被朝廷赐名为"阿育王山广利禅寺"，拓为十方禅刹。宋熙宁元年（1068年），大觉禅师怀琏出任第五任主持。宋熙宁三年（1070年），怀琏筑宸奎阁，珍藏宋仁宗御笔偈颂、御书五十三轴和团扇三柄。在怀琏的主持下，阿育王寺一时人才聚积，"法席鼎盛，名播天下"，出现了前所未有的中兴景象。有御赐大觉禅师诗颂十七篇，收藏在宸奎阁里，苏轼专门作《宸奎阁碑铭》（全称《明州阿育王山广利寺宸奎阁碑铭》），从此阿育王寺名震天下。宋建炎年间，迎舍利塔至宫中，宋高宗赐"佛顶光明之塔"匾额。宋绍兴二十六年（1156年），名僧宗杲受诏住持阿育王寺，"四方学徒，川奔涛涌"。宋淳熙元年（1174年），宋孝宗遣天使李裕文请舍利入禁中供奉，住持从廓护送之。宋孝宗三番瞻仰舍利，御书"妙胜之殿"匾额，封从廓为"妙智禅师"，并赐钱万缗。宋淳熙年间，明州郡守赵恺以金造成一塔，奉安宝塔于其中。宋嘉定年间，定"禅院五山十刹"，阿育王寺被列为"五山"之第五山，与径山寺、灵隐寺、净慈寺、天童寺齐名。

宋嘉熙元年（1237年），宋理宗把阿育王寺列为"天下五山之第二"。明洪武十五年（1382年），明太祖册封天下名寺，诏定阿育王寺为"天下禅宗五山之第五"。

现存的阿育王寺保持了明清时期的格局，古朴庄严。阿育王寺基本按照中国佛寺的礼制布局，以天王殿、大雄宝殿、舍利殿为中心，楼阁轩敞、飞檐雕梁，是一处集建筑、雕刻、园林、绘画艺术之大成的建筑群。

如今，宋高宗、宋孝宗等皇帝御书的"佛顶光明之塔""妙胜之殿""觉行俱圆"匾额仍悬挂在舍利殿内。

阿育王寺内还建有四座佛塔，分别是刚入寺门的水塔、位于鄮山上的上塔、寺内西侧的西塔和与之遥遥相望的东塔。其中重建于元代的东塔，是浙江省仅存的、完整的一座元代古塔。

阿育王寺在中国佛教史上产生过重要影响。目前，寺内保存了一批唐宋以来的名人碑刻、舍利塔等珍贵文物，以苏轼的《阿育王寺常住田碑》《宸奎阁碑铭》最为珍贵。殿壁回廊上还有董其昌、梅调鼎等名人书写的碑、匾、楹联和铭志。

据说，阿育王在我国境内共建造十九座舍利塔，但只有宁波阿育王寺中的舍利宝塔留存至今。舍利塔顶内悬宝磬，释迦牟尼的顶骨就安放在这里。这枚释迦牟尼顶骨舍利，和北京灵光寺佛牙舍利、陕西扶风法门寺佛指舍利，为国内仅存的三处佛舍利，称得上佛国珍品。

唐天宝年间，高僧鉴真应日本僧人荣睿、普照虔诚邀请赴日本弘扬佛法，无奈往返三次都未能成功。第三次东渡失败后，鉴真被明州府官船接回阿育王寺养息。鉴真不仅在阿育王寺内修习，还受邀为寺僧讲律传法，与阿育王寺结下了一段不寻常的因缘。如今，鉴真在阿育王寺住过的地方已修葺一新，并竖起"鉴真大和尚东渡记"碑，见证着中日文化交流的源远流长，在中日友好史上留下了浓墨重彩的一笔。

链接

1981年，阿育王寺被确定为浙江省文物保护单位；1983年，阿育王寺被国务院公布为全国汉族地区佛教重点寺院；2006年，阿育王寺被国务院公布为第六批全国重点文物保护单位。

延伸阅读

佛、道教结合的千年古刹

位于北仑号称"第一灵山"的灵峰禅寺，东与"海天佛国"普陀山隔海相望，南和阿育王寺山峦相连、林海相接，是闻名遐迩的浙东佛教圣地。灵峰禅寺始建于南北朝，葛洪曾在此炼丹，北宋治平元年（1064年）被朝廷赐额"灵峰禅寺"，与天童寺、阿育王寺齐名，为宁波的三大名寺之一。

时代价值

不论是明州城市生命线的塘河,还是明州城烟火画卷的"厢坊市井",不论是从宁波走向世界的妈祖文化,还是一方慈孝之地的慈城慈湖,这些丰富多元的市民生活、典雅敦厚的生活美学,无不体现着生活宋韵。

宋代,随着经济的发展和繁荣,人们的生存环境明显得到改善,生活水平得到较大提升。在解决温饱问题后,人们自然而然地追求起了更舒适的生活方式,进而对衣食住行等方方面面产生更高品质的追求。人们的生活方式也发生了深刻的变化,社会生活趋于人文化。宋代的江南,特别是在浙江一带,新的社会生活方式和生活风尚逐渐形成,当时形成的种种生活观念、生活方式、生活习俗等甚至延承至今。宋韵文化中蕴含着生活美学的审美旨趣,恰恰影响着当下我们对美好生活的向往,也为打造品质生活提供了历史借鉴。

附录

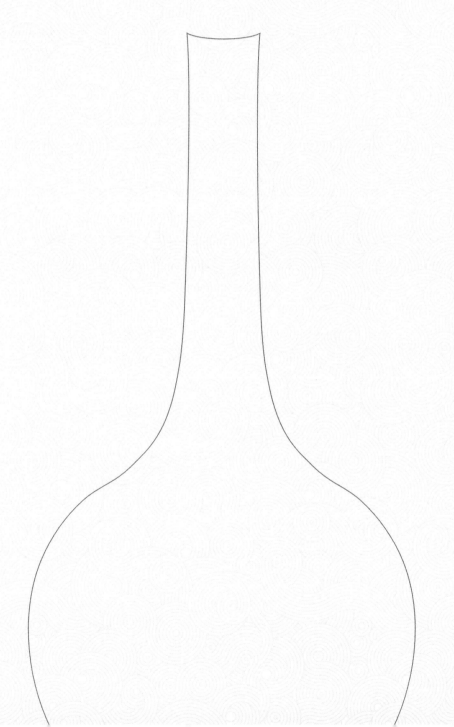

岁月留痕

在钱湖，遇见宋韵[1]

谈起宋朝，江浙可谓占据半壁江山。在江浙，首推钱塘——"半城湖水半城山"的杭城曾为南宋都城。其次是明州——这里有规模之大、数量之多、雕刻之精、分布之集中、保存之完美在全国尚属唯一的南宋石刻，还有"一门三宰相，四世两封王"的四明史氏，更有"一朝紫衣贵，皆是四明人"的历史传奇。回望历史，"四明八百里，物色甲东南"，随着宋室南渡，明州成为繁华之地。放眼东南，被郭沫若美誉为"西子风韵，太湖气魄"的"后花园"的东钱湖，历来是名人雅士寻访和感悟诗情画意的一方圣地。

宋朝，文化繁荣、经济发达、生活富裕；宋韵，构筑着优雅闲适的生活方式，代表着高雅的审美情趣，更彰显着中华文明在当时世界的高度。"四明山水天下异，东湖景物尤佳致""尽说西湖足胜游，东湖谁信更清幽"……钱湖宋韵知多少？轻拂岁月的尘埃，一份家国情怀，一段岁月记忆，一缕书卷味道，一幅生活图景，一种人生境界，正向我们款款走来。东钱湖的宋韵，是四明史氏的家国情怀，是南宋石刻的岁月记忆，是钱湖书楼的书卷气息，是柴米油盐的生活图景，是乐山乐水的人生境界。这宋韵，将成为东钱湖畔留住的记忆、记住的乡愁。

---

[1] 此文发表于2021年11月23日《鄞州日报》，2022年1月4日由"甬派"转发，本书有删改。

一份家国情怀——四明史氏

八千里路云和月。说到宋朝,少不了韵味悠长的宋词,更少不了岳飞的家国情怀。东钱湖和岳飞密不可分。

北宋末年,岳飞出生,后来,岳飞成为民族英雄,位列南宋中兴四将之一,被封"鄂王"。讲起岳飞,人们常会想起他的《满江红》和"精忠报国"。

传说岳飞父子冤死后,显灵成两只西瓜,一只漂在西湖,一只则长在东钱湖。为岳飞昭雪的人,便是四明史氏家族中的代表人物史浩。富有正义、敢于担当的史浩上奏朝廷为岳飞昭雪,昭雪后两只西瓜变成两座土墩。人们分别在西湖、东钱湖的土墩上建起了岳王庙、岳鄂王庙。

始建于南宋端平年间的岳鄂王庙,又称岳公行祠,位于谷子湖一座"状似浮瓜,短堤如瓜藤,与岸一线相牵"的小岛。当地老百姓称小岛为瓜屿,叫岳鄂王庙为西瓜庙。岳鄂王庙三面临水,与莫枝隔水相望,门额上"还我河山"气贯长虹。早些年,庙前百米处,隐伏着一片沙洲,上有一丛芦苇。每当秋深鱼肥、北雁南飞,或逢月明星稀,风动芦枝,惊动宿雁,便成为一大景观,"芦汀宿雁"即钱湖十景之一。有诗赞:"声断衡阳水国秋,满湖芦荻白花稠。"

岳母刺字精忠报国,史浩报效祖国孝敬母亲。史浩、史弥远、史嵩之祖孙三代为相,成为南宋第一名门望族。史浩的母亲叶氏笃信佛教,一直有去普陀山进香的心愿,但年老失明,渡海十分不便。史浩召集能工巧匠在东钱湖上的霞屿建观音道场。道场建成后,史浩陪母亲登船,帆船在东钱湖中漂泊,听涛声风啸,恰似在海中航行。三天后上霞屿,谎称已到普陀山,从此了却母亲的一桩大心愿。史浩此举为人称道,霞屿禅寺因而得了"霞屿孝天下,福慧满人间"的赞誉,这里也有了"小普陀"一说。多年前,我曾陪同年过七十的母亲到"小普陀"一游,对母亲来说,没有去过舟山,普陀无大小之分。记得那次,梵音袅袅、涛声阵阵,真有种置身东海的感觉。

东钱湖畔的家国情怀更属于荆公王安石。北宋年间,二十六岁的王安石任鄞县县令。他对农业生产和水利灌溉情况进行调查,认为百姓最怕旱灾，于是率领百姓整修东钱湖，解除百姓水旱之苦，土地喜变良田。王安石不但亲民务实，而且敢于改革，同时充满慈父之心。王安石的夫人生下女儿，王安石为其取名鄞女，不幸的是鄞女一年后夭折。王安石把女儿埋在鄞县祖关山，写下《别鄞女》。如今，东钱湖畔尚存纪念王安石的忠应庙，还有赞美王安石兴修水利的雕塑……

一段岁月记忆——南宋石刻

你见，或者不见我，我就在那里……仓央嘉措的《见与不见》感动了无数人，更惊到了沉睡在东钱湖畔的南宋石刻。

天青色在等烟雨，而岁月记忆在等待遇见它的人。20世纪70年代，陕西临潼几名村民在打井时，发现几个破碎的用泥土烧制的与真人一样大小的陶俑，从此，兵马俑揭开神秘的面纱。黄河流域的长安，岁月记忆等到了遇见它的人；长江流域的明州，岁月记忆同样等到了遇见它的人。

在宁波，数不清的历史文化遗存零落荒野湖畔、散落民间市井，或因年代久远残破不堪，或因不被人识而难显光华。

东钱湖畔的南宋石刻知多少？也许这里的一草一木记得。一个人的出现，让它们改变了命运，成为延续明州这座城市文脉的载体，在"海上丝绸之路"源头上闪烁着璀璨的光芒。这个人，就是被坊间称为"文保狂人"的杨古城。其实，杨古城的狂，不仅是对传统文化的痴心，更是对这片土地的热爱。

还有一位老人——东钱湖畔一位业余文保员史永和先生。20世纪90年代的时候，他还年轻，如今却已作古。他的不期而遇，让南宋石刻抖去了身上的尘埃——他告诉杨古城发现了一块有"史"字样的石碑……

石头会唱歌，更会留下岁月的记忆。南宋建都临安的一百五十多年，推进吴越经济、艺术繁荣，其中四明史氏在东钱湖畔留下的许许多多的石刻文化遗迹，正是南宋时期的艺术代表。这些石刻以造型准确、形体动作多样、表情生动而著称，文臣、武将、蹲虎、立马、跪羊等雕刻，寓意着"忠、勇、节、义、孝"。我多次置身南宋石刻群中，心中却感到这些石刻是活的。

岁月珍藏着历史，山水沉淀着风物。南宋石刻神秘的面纱一经揭开，便惊艳世界，不仅江南地区十分罕见，而且北方亦前所未有，不仅填补了南宋时期美术史、文物考古史、雕刻艺术史的研究空白，更填补了秦汉以来墓道石刻的空白，成为国内现存数量最众、规模最大、雕刻最精的墓道石刻遗存，更成为南宋时期宝贵的历史文化瑰宝。"北有秦陵兵马俑，南有南宋石刻群"，一南一北盘踞，一秦一宋呼应，在我国能与"世界第八大奇迹"兵马俑齐名的，也许唯有东钱湖畔的南宋石刻群了。

一缕书卷香气——钱湖书院

在全国，如果找一座以书著称的城市，也许宁波是最合适不过的了。有"书香之城"美誉的宁波，源于"书藏古今，港通天下"的气魄和南国书城天一阁的故事，更源于书香千载的书院神韵。

书院，作为我国古代的一种教育组织形式，自唐代以来代代相承。"诗书之乡"鄞县，历史悠久、人杰地灵，重教兴学一直是这个江南名邑的优秀传统。据记载，宋代鄞县书院有十余家，堪称鄞县书院的鼎盛时期。

东钱湖七十二溪汇入、八十三岭环抱，自然景观与人文景观相映争辉。历代史迹星罗棋布地闪烁于湖畔，成为文人墨客探幽览胜、抒怀吟咏的好去处。宋代以来，这里成为学子躬耕苦读的首选之地，名宦墨客或筑室湖边结庐湖畔，或行吟湖曲史载千古。历经冬去春来的洗礼，无数遗迹湮没在岁月的长河中。

每当看到东钱湖镇上高高的牌楼和沙孟海题写的"东钱湖"几个字时，我都会凝思良久。告别东钱湖，爬上一段山路，眼前倏然出现一片村舍，路牌是隐学岭、徐王路等，直到在东钱湖工作后我才认识隐学山庄，这一契机是缘于附近的隐学书院——明州最古老的书院，堪称我国最早的私人书院。

相传，西周时期，徐国君主是以仁义著称的徐偃王。徐偃王来到东钱湖畔建书院隐学。为了纪念他，后人就把他隐学的地方叫作隐学书院，把隐学书院所在的青山叫作隐学山，并尊称他为明州文化始祖。后来，人们在隐学书院旧址上建隐学寺。如今，隐学寺内供奉着徐偃王神位，且有对联"设书院教授子弟道德传遗，立楼真光前裕后千秋万古"。

常去东钱湖的人，也许会在一派田园风光的十里四香中流连忘返。与十里四香一衣带水，是三面临水、呈游龙入湖之势的二灵山。史浩赞美二灵山："乃东湖尊贵之地，有二灵胜绝之名。"二灵山不仅因山灵水灵得名，更因塔名、人名闻名，名人中以有"祖孙三学士，一门俱忠耿"之称的陈禾最为著名。陈禾，鄞县人，为官刚正不阿。宋熙宁年间，陈禾在二灵山建造二灵山房，又名二灵院，开始著书立说。后来，人们又在二灵山房原址上建造了二灵寺、二灵塔。

据说，每当夕阳西下，斜照二灵塔，夕阳穿透石孔，塔影倒映湖面，是二灵山最美之时，"二灵夕照"为"钱湖十景"之一。

东钱湖畔，还有被誉为"江南大观园"的余相书楼，原名"五柳山庄"，"余相书楼"更是以书楼命名的"钱湖十景"之一。余相书楼为余有丁建造，他博学多才、为官正直，被誉为"明廷硕辅"，有诗曰："五柳庄开辟地幽，高低亭榭接书楼。"

有"明朝甬上文坛盟主"美称的张时彻则建造了茂屿山庄，张时彻与屠大山和范钦为至交，人称"东海三司马"，他们相约"登四明，扣石窗，观烟云日月之去来；距海门，看苍冥，见长波大风之回荡"，为东钱湖留下了大量脍炙人口的诗篇。

一幅生活图景——柴米油盐

如果说，《清明上河图》弥漫着北宋都城东京的城市面貌、市井气息，那么东钱湖畔则展现着南宋江南的生活图景，飘荡着柴米油盐的烟火况味。

千百年来，鲜活的鱼虾从象山港上岸，连同丰富的东钱湖湖鲜，浩浩荡荡地奔向明州。独特的地理位置和丰富的自然资源造就了东钱湖——明州连接象山港的重要交通枢纽地位。缘于此，在鄞东平原和大嵩滨海青山绿水间的东钱湖畔，形成了两个称市的村落——堰头市村和韩岭市村，这不能不说是个奇迹！

堰头是当地人的俗称。为了方便船只通行，人们修建了七个湖堰。堰头也叫莫枝，莫枝堰为七个湖堰中最大的一个。莫枝的来历，一说比较传奇——和春秋时期干将、莫邪铸造雌雄剑有关。另一说比较烟火——北宋年间，王安石带领老百姓在湖畔造堰坝，堰坝竣工时，众人请他为大堰坝命名。王安石看着西边山上的太阳挂在了树枝上，正是暮至时刻，于是给堰坝命名"暮至"。后来，人们在写"暮"字时，渐渐地省掉了"日"，又把"至"写成了"枝"，"暮至"就变成了"莫枝"。这些水利设施不仅是我国古代水利工程的一个缩影，更是追溯东钱湖灿烂历史文化的一把钥匙。

海定波宁，人多成市。农历双日为集市日，街头四季鱼虾跳跃，湖畔常年人声鼎沸。莫枝堰犹如精美的纽扣，一边衔接着东钱湖，一边通汇着河水，河水流过广阔的鄞东平原，慢慢地就拥有了一个响亮的名字——中塘河，中塘河作为鄞县的黄金水道，一直流淌到今天。

湖南岸的韩岭市村同样讲述着人间烟火。王安石重建湖界时，韩岭已形成农历逢五、逢十集市。史浩途经韩岭时，也称赞此地："中有村，号韩岭，渔歌樵斧声相参。"潮起又潮落，如今渔樵已不在，烟火却依然。

韩岭市村沉淀着深厚的文化底蕴。19世纪，从这里走出一个叫金雅妹的明州小娘，成为我国第一位留学生。20世纪，天才画家沙耆曾在这里度过了晚年幸福时光。沙耆年轻时曾赴比利时深造，和毕加索等名家同台举办画展。身在异国他乡的沙耆，用一支画笔为人们展示了何为绵绵的乡愁。

和莫枝村紧紧相连的是殷湾村。每天清晨，湖水微波荡漾，晨曦中几叶扁舟跃入眼帘。遥想远古时代，东钱湖通海，于是湖畔世居渔民常常出海捕捞作业。每每夜幕初垂，渔船出湾，灯火点点，把殷湾村装扮得如诗如画，这便是闻名的"钱湖十景"之"殷湾渔火"。

春夏秋冬岁月悠长渔舟唱晚，家家户户鲜嫩肥美萦绕舌尖，这也许是东钱湖最美的生活图景。

一种人生境界——乐山乐水

仁者乐山，智者乐水。东钱湖便兼具仁智之美。

东钱湖福泉山顶，有碧水一池，称"龙潭"。池旁有古井，水常年不竭，为"福泉"。福泉山海拔五百多米的最高峰望海峰，往西，正见钱湖落日圆，向东，远望茫茫东海阔。山脚下，则有六朝古刹大慈寺和南宋宰相史弥远墓道。坊间这般称赞福泉山，"晴天遍地雾，雨天满山云"，可见云蒸彩蔚，气象万千，山峦起伏，溪水潺潺。

当凌山顶，观深深浅浅的绿色，闻沁人心脾的茶香，真有种"静听花开花落，坐看云卷云舒""行到水穷处，坐看云起时""山自在，水如来"的意境……

如果说云卷云舒的福泉山是仁者，那么碧波荡漾的东钱湖则是智者。

东钱湖有一个横亘湖心的半岛。眺望半岛，其形似伏牛饮水，故称为"伏牛山"。相传，春秋时期，越王勾践被吴王夫差打败，受尽屈辱。后越国大夫范蠡献计，勾践经过十年卧薪尝胆，终于灭吴。一切尘埃落定，范蠡和西施泛舟五湖，来到东钱湖，隐居伏牛山，后人也因此把伏牛山改为"陶公山"，把垂钓处称为"陶公钓矶"，此岛称作"陶公岛"。南宋宝庆三年（1227年），庆元知府胡榘在陶公山上修建了烟波馆、天镜亭。清代忻恕还曾作诗赞美道："霸越归来别有天，一竿秋雨一蓑烟。"

历史烟消云散，钓矶往事犹在。东钱湖，又称钱湖、万金湖，这名称传说正和范蠡有关。范蠡经商成功后将无数金银财宝投入湖中，自号陶朱公，后来"陶朱"便成为富甲一方之人的代名词。也许因为这个原因，坊间认为范蠡为商祖，陶公岛为商祖福地，体现着财富文化、隐逸文化。其实，范蠡的人生无处不体现着大智若愚的智慧，比如功成名就后急流勇退，携西施隐居东钱湖畔，经商坚持"富好行德"。

范蠡和西施，是事业、爱情、财富、智慧的代表，更是幸福、美丽、健康、平安的象征。他们隐居东钱湖，演绎着有情人终成眷属的美好传说。古往今来，他们的故事已成为人们理想生活的代名词和文化符号。陶公岛成为东钱湖最吉祥、最浪漫的地方，许多年轻人也选择在这里拍摄婚纱照，留下自己爱情的见证，东钱湖的人文底蕴也因此增添了温情浪漫的一笔。

悠悠东钱湖，蕴含着"文脉相承科举入仕"的政治之韵、"四明史氏荆公治湖"的家国之韵、"见仁见智乐山乐水"的哲学之韵、"雅士躬耕结庐湖畔"的书院之韵、"钱湖南边石刻林立"的金石之韵、"千载青瓷闻名中外"的青瓷之韵、"育王天童佛教祖庭"的禅宗之韵、"西子风韵太湖气魄"的湖泊之韵、"三江成网六塘织造"的塘河之韵、"殷湾渔火韩岭集市"的生活之韵，正是一方古今交融的魅力之地。

"三湖"风好,只此青绿亦书香[1]

杏花如雨,梨花若云。

一年前的早春时节,东钱湖、月湖、慈湖共同拥有了一个简洁美丽的名字——"三湖"。"四明八百里,物色甲东南","三湖"自古便为风雅之地。

如果说有一束光,从过去照亮当下,这束光无疑便是教育。北宋时期,四明文化开始形成,南宋时期,四明文化全面繁荣,这无不得益于教育的繁荣。千百年来,重教兴学一直是宁波这座城市的优良传统。书院,作为我国古代的一种教育组织形式,在宋代迎来了发展的鼎盛时期。甬上名臣雅士或建楼筑舍,或著书立说。"三湖"畔如雨后春笋般出现的书院,不但成为治学读书的好地方,而且传承着甬上的绵绵文脉。

东钱湖:二灵夕照五柳山庄

以"西子风韵,太湖气魄"著称的东钱湖,又名东湖、西湖、钱湖、万金湖。位于城东南的东钱湖,以"后花园"的独特地缘优势,珍藏着文人雅士的诗情画意。

早在晋代,史书已对东钱湖进行了记载。西晋著名学者陆云在《答车茂安书》中称鄞县:"西有大湖,北有名山,南有林泽,东临巨海。"东钱湖七十二溪汇入、八十三岭环抱,自然景观和人文风物相映争辉。宋代以来,这里成为文人墨客躬耕苦读的首选之地,也留下了诸多山水画

---

[1] 此文发表于2023年2月15日"甬派",本书有删改。

卷。"钱湖十景"中的"余相书楼""二灵夕照"等便以书院闻名，或与书院相关。

东钱湖北岸，青山环抱、翠竹如林，有一山名月波山。南宋淳熙五年（1178年），史浩在此地建月波寺，宋孝宗曾赐"慈悲普济"匾额，寺内建有月波楼。后来，月波寺被毁。明万历年间，被誉为"明廷硕辅"的鄞县人余有丁在月波寺旧址建五柳山庄，结庐湖畔，行吟湖曲，五柳山庄后来被人称为"余相书楼"。有诗曰："五柳庄开辟地幽，高低亭榭接书楼。"如今，有"江南大观园"美誉的余相书楼只留下美好的传说。

东钱湖下水村，不仅山灵水灵，而且因名人而闻名，其中以"祖孙三学士，一门俱忠耿"的鄞县人陈禾最为著名。宋熙宁年间，陈禾在下水村附近的二灵山建二灵山房，著书立说。后来，人们在二灵山房原址建二灵寺、二灵塔。每当夕阳西下，塔影倒映湖面，正是二灵山最美的时候。史浩曾在《游东钱湖》中赞道"十字港通霞屿寺，二灵山到月波楼"，更赞二灵山"乃东湖尊贵之地，有二灵胜绝之名"。从钱湖秘境出发去"小普陀"霞屿禅寺，经过二灵山，可见二灵寺、二灵塔，还有二灵山房。

东钱湖畔的书院，还有被称为我国历史上最早的私人书院的隐学书院，"明朝甬上文坛盟主"张时彻所建的茂屿山庄，以及在《中华长江文化大系》中有记载的东湖书院。

如今，隐学书院所在的隐学寺不远处，常常传来宁波外国语学校的琅琅书声。

月湖：灿若星辰和大海

以"浙东邹鲁，江南明珠"闻名的月湖，又称西湖、小鉴湖，月湖以"一湖居城中"突显着"明州文化之湖"的独特魅力。

位于明州城中的月湖，始建于唐代。北宋嘉祐年间，明州知州钱公辅发现月湖淤塞，便组织人员挖淤泥、屯土修堤，在堤上栽花植柳，在柳汀上建众乐亭，并邀请王安石等北宋文坛名家吟诗作赋。北宋元祐年间，明州知州刘淑、刘珵疏浚月湖，刘珵留下了《咏西湖十洲诗》，"月湖十洲"竹屿、月岛、菊花洲、花屿、松岛（竹洲）、柳汀、芳草洲、烟屿、雪汀和芙蓉洲由此得名。

"一部宁波史，半部在月湖"，月湖是甬上文化的发源地和兴盛地，月湖上的书院灿若星辰。

北宋庆历年间，王安石任鄞县知县。他崇扬文教，集中雅士在月湖周围讲学，"庆历五先生"杨适、杜醇、王致、王说和楼郁先后创建书院。月湖上最早的书院，当属楼郁创建的正议楼公讲舍。楼郁是"庆历五先生"中唯一进士及第者，因居城南柳亭，故号"城南"，后因居西湖（即月湖）边，时人称其"西湖先生"。

南宋淳熙年间，宰相史浩邀请"淳熙四君子"杨简、袁燮、舒璘、沈焕到月湖讲学。南宋淳熙十年（1183年），史浩将宋孝宗所赐竹洲赠给沈焕，竹洲是月湖南边的一座小岛，沈焕便与弟弟沈炳在此讲学，由此形成竹洲讲舍。一同讲学的还有金华著名学者吕祖谦的弟弟吕祖俭。竹洲讲舍又被称为"沈端宪讲舍""三先生书院"。

袁燮亦于月湖竹洲讲学，其讲学处被称为"城南书院""絜斋书院"。杨简讲学于月湖碧沚，其讲学处被称为"碧沚书院""杨文元书院"。如今，月湖芳草洲上有杨文元书院遗址碑，记载着曾经的辉煌。

清初，全祖望重建三先生书院。海道副使王尔陆置义田创建义田书院，义田书院后改名为月湖书院。知府宗源瀚在竹洲建辨志精舍，创辨志书院。

月湖书院曾毁于太平军战火，清光绪年间改名为师范学堂，20世纪初改名为浙江省立第四中学初中部，后改为四中附属小学。月湖西岸今尚存月湖书院遗址石碑。

辨志书院开甬上设舆地、算学等学科之先河。清光绪年间，辨志书院停办，后来知府高英改辨志书院为南城小学堂。1912年，宁属六邑人士创建宁波第一所女子师范学校旧宁属县立女子师范学堂，后曾改名中山公学、宁波市立女子中学、鄞县县立女子中学、宁波市市立中学。1954年，正式更名为浙江省宁波第二中学，校名沿用至今。如今，承续书香"活化石"的宁波二中，为月湖畔唯一的学府，不但成为月湖一道亮丽的风景，而且收获了"中国最风雅的学堂""全国最美丽的十三所校园之一"等殊荣。

慈湖：一片冰心望里收

"阚峰巍巍，慈水涟涟"的慈湖，又称阚湖、德润湖、普济湖，这里孕育了杨简等往哲先贤。

慈城位于宁波市江北区西北部，慈湖位于慈城以北，慈城地形素有"虎踞龙蟠"之称：三面临山，尤其是大宝山和清道山似一对猛虎；一面临水，姚江和慈江犹如两条白龙盘旋。慈湖则隐于两山中间、两龙之后，湖堤似一条玉带将长腰形湖水隔断为两半，晶莹的湖水像两颗明珠镶嵌在阚峰山脚下，人称"双龙戏珠"。

慈湖是慈城风物的精华所在，不但有"半倚城市半傍水"的优势，而且有"长堤横卧桥映波"的特点。相传，三国时期吴国大儒阚泽（字德润）曾寓居于慈湖，故以阚泽的字德润为湖名。唐开元年间，县令房琯把慈溪县治迁到今慈城浮碧山以南，并开挖湖水，灌溉农田。

杨简（1141—1226年），慈溪人。杨简深受东汉董黯汲水奉母的影响，他认为，既然以慈名溪，又以溪名县，当然也要以慈名湖，于是将阚湖改名为"慈湖"。杨简自号"慈湖"，时人称其"慈湖先生"。

对月湖，杨简情深意切，他曾在月湖畔创建杨文元书院。对慈湖，杨简情有独钟，他所作《慈湖诗》，序曰："嘉泰昭阳大渊献，筑室董孝君祠之西，下有湖焉，某曰：溪以董君慈孝而得名，县又以是名，则是湖宜亦以慈名。"

关于慈湖，杨简不但留下了诗篇，而且晚年隐居于此。杨简在慈湖北岸阚峰山麓谈妙涧旁筑屋，取名谈妙书屋，作为其退居讲学、谈论妙理之处。杨简曾在诗中赞美慈湖："惜也天然一段奇，如何万古罕人知。只今烟水平轩槛，触目无非是孝慈。"

杨简去世后，后人将其故居改成杨文元公祠，并在祠堂内讲学，这便是慈湖书院的发轫。宋咸淳七年（1271年），慈湖书院正式建成。

慈湖畔有普济寺。《宝庆四明志》记载，普济寺僧人为了通行方便，在慈湖湖心筑长堤。宋天圣五年（1027年），县令孙知古在堤上建清凉亭。宋嘉祐二年（1057年），县令唐昌期将清凉亭改名为涵碧亭。清乾隆三十七年（1772年），县令胡观澜在堤上重建廊亭，为缅怀杨简师道教泽，取名师古亭。师古亭上有两副对联，北为"锦城环抱峰头翠，镜水平分涧底清"，南是"三围秋色从中起，一片冰心望里收"。

在近八百年的历史风云中，慈湖书院屡毁屡建。南宋咸淳七年（1271年），郡守刘黻在普济寺东重建慈湖书院。元至元年间，按察副使将慈湖书院搬回谈妙书屋西侧，并扩建杨文元公祠，复建礼殿祠宇，越五年终于修建完成祠堂与书院的形制合一，王应麟亲笔撰写了《重建慈湖书院碑》一文。20世纪初，由乡绅陈屺怀、关维震、冯君木等人发起，在慈湖书院原址上创立新式学校，并沿用部分慈湖书院旧舍，名为慈湖中学堂，成为慈溪县第一所中学。后来，慈湖中学堂改名为慈湖中学。如今，每当慈湖中学的学生经过师古亭时，可观湖光山色，更可缅怀先贤师道。

有一束光，从过去照亮当下，更从当下照亮未来。宁波"书藏古今，港通天下"，宁波人"重教务实、知行合一"，也许正是"三湖"学风历代赓续的结果……

塘河古桥：多少岁月微波中[1]

"一湖居中央，三江六塘河"的宁波城，向东是通向大海的三江口，向西则是连接浙东运河的西塘河。

西塘河是城西一条不平凡的塘河：一头连望京门——宁波城十座城门中最雄伟的一座；一头接大西坝——有"明州锁钥"的美称。打宋代起，西塘河上官船南来北往，有"浙东官河""官塘河"等美誉。

史载，宋政和八年（1118年），明州知州楼异废湖为田。为尽可能减少由此对水利系统造成的破坏，在原广德湖西建西塘河，并连接废湖前两段塘河，形成后来比较完整的西塘河。

千百年来，西塘河成为浙东运河乃至大运河的重要组成部分，承担着通江达海的"重任"。穿越岁月的长河，西塘河耸峙着望京桥、大卿桥、西成桥、望春桥、新桥、上升永济桥、高桥等古桥……

望京桥：西望京城云和月

宋建炎三年（1129年），明州保卫战打响。明州保卫战为南宋打下了坚实的基础，同时引出宁波第二次建城历史。

重建后的宁波城有十座城门。正西为望京门——十座城楼中规模最大的，上面建有七间屋面的敌楼。史载，望京门曾设有瓮城和水陆两座城门。由于此城楼朝着西北京城方向，故称"望京门"，又名"朝京门""迎恩门"，也叫"城西门"，民间则直呼"西门"。

---

[1] 此文发表于2023年1月29日"甬派"，本书有删改。

历史上，西门口曾有一座平桥——望京桥。西塘河流到西门口，与北斗河汇合，成为护城河。

晚清时期，一位外国学者用文字记录下望京桥周边的生活图景："西塘河是宁波前往绍兴、杭州方向的重要水道，舟楫繁忙，于是虽为平桥，望京桥却造得非常之高，以便较大的船只通过。"

20世纪80年代，一辆铲车开过望京桥时，导致望京桥断裂。不久，望京桥被拆除。从此，望京桥便消失在茫茫岁月中……

大卿桥：两线交汇喜相逢

对匆匆赶时间的上班族来说，对位于中山西路上的大卿桥比较熟悉——轻轨一号线和四号线在这里交汇，车站便为大卿桥站。大卿桥是一个很有历史韵味的名字。

宁波为江南水乡，河多，桥自然多，堪比威尼斯水城。尽管桥多，但三孔连拱石桥却不多见，大卿桥是宁波城里唯一的三孔连拱石桥。

传说，大卿桥为纪念明代大理寺少卿陈恭而命名。"卿"是古代官名，有上、中、下之分，在卿前面加"大"，是唐宋时期人们对九卿官员的通称。

明初，金陵（今南京）的读书人陈远携侄儿陈恭路过宁波，发现这里民风淳厚，便定居下来。陈远擅长画人物，后被召入宫中，曾为朱元璋画过像，被赐为待诏。陈恭诗书文章卓越过人，官至大理寺少卿。

20世纪90年代，为了行车方便，大卿桥被拆除，随后在原址上建成了水泥桥。从此，宁波城里三孔连拱石桥成为历史。

西成桥：梦里花落知多少

城西有一条路拥有很美的名字——丽园北路，丽园北路与中山西路交汇处，曾有西成桥。

在宋代，东起西门，西至西成桥（当时还没有桥）这一段称为西门大街，也叫西郊路。后来，西郊路向西延伸到洞桥头与望春桥街相接；

再后来，西郊路改为中山西路。

西成桥始建于明嘉靖年间，是宁波西门外的第二座石拱桥，有"鄞西要津"的美誉。缘何叫"西成桥"，则无从查起。

1967年，西成桥被拆除，建成水泥桥，后取名"新峰桥"。2004年，内河施工时，曾在新峰桥附近塘河里捞出西成桥构件，其中特别宝贵的是两只镇水兽。

镇水兽学名为𧈢𧈢，传说为龙生九子之一。𧈢𧈢喜水，能震慑水怪，所以造桥者往往会把石刻𧈢𧈢安放在桥上。2010年，一只镇水兽不翼而飞。

西成桥邻水一侧留下了宁波人枕水而居河畔人家的生活图景，如今，这里建成了西塘河公园，成为西塘河沿线极漂亮的一段河畔风情。

望春桥：静看城西好风景

"望春桥上望春波，草绿苹香凫鸭多。最是城西好风景，夕阳处处起田歌。"万斯同在《鄞西竹枝词》中这般赞美望春桥。

望春桥位于中山路与机场高架交汇处，轻轨一号线就有一站望春桥站。望春桥始建于北宋绍圣五年（1098年），后重建。宋代，望春桥为官塘河上第一桥。

望春桥全长二十八米，南北各有三十二级石阶。桥身和桥拱选用梅园石，桥柱和桥栏雕有荷叶和仰莲，桥堍则有精致的祥云抱鼓石。桥北堍的东侧，有一座凉亭叫"望春亭"。

历史上，望春桥一带为荒僻的水村。到了明代晚期，钟氏家族在这里居住，称为望春钟村。到了清代晚期，已有数百户人家居住，且形成了每旬二、五、九的集市。一直到20世纪60年代初，这里的内河航运依旧繁盛。从望春桥到西门这一段，有人称"中塘河"，也有人叫"西塘河"。

望春桥拥有独特的地理位置，西塘河和中塘河在这里不期而遇，像两位老朋友，相约一起奔向宁波城。

新桥：名为新桥实古桥

芦港，一个很有诗意的名字。

相传，南朝时，城西有一个村庄，村里有很多芦苇，又因为"芦"与"禄"谐音，于是这个村庄取名为"芦港"。

芦港村南的西塘河畔有座新桥，说是新桥实则古桥。新桥始建于明洪武十九年（1386年）。广德湖废湖垦田后，湖田范围内的村落不断形成，与北面官道大路的联系也日益增多，人们出行极为不便，于是在望春桥以西新建了一座石拱桥，取名"新桥"。

新桥全长三十多米，南北踏跺各三十二级。桥拱北边置有纤道。新桥雕刻精细，成为城西颇有历史价值的古桥之一。

新桥北有双泉亭和双泉庵。眼下，轻轨一号线芦港站附近建有塘河公园，变成了很时尚、很生态的地方，吸引着人们徜徉在西塘河畔。

上升永济桥：四字相连成桥名

上升永济桥位于新桥西。

西塘河上的古桥，取名一般为三个字，偶尔为两个字，而五个字的古桥唯有上升永济桥。

有人说，桥名中的"上升"两字其实是"上新"的谐音——西塘河的河水自西向东，上升永济桥在新桥西面，也就是上游，于是称"上新"。而"永济"两个字，源于附近的庵名——从前，桥南北两岸有"永济""普静"两庵。如今，"普静"依旧，"永济"消失。

上升永济桥有东西两副对联，分别为："上跨长虹路通两岸，升看朝旭彩映中流"，"永古津梁基安磐石，济人功德惠胜乘舆"。每句诗的首字相连，便是"上升永济"，这是上升永济桥名称的又一出处。

上升永济桥始建于清乾隆元年（1736年），是城西比较典型的石砌拱桥，更是西塘河上建成时间最晚、建造最精致、保存最完好的一座石拱桥，代表着宁波古代造桥技术的最高水平。

上升永济桥桥长二十五米，南北踏跺各三十二级，桥额镌有"上升永济桥"。桥下拱顶正中龙门券上的浮雕，堪称宁波古桥中最精致的雕刻。桥面硕大的桥心石上刻有荷花图案，两旁刻有花瓶，瓶中分别插有玉如意和三支画戟，寓意"吉祥如意"和"平升三级"。

上升永济桥北堍向东有半路庵亭，当地人喜欢称上升永济桥为半路庵桥，或直呼大桥头。

高桥：战马嘶嘶古战场

在老宁波人心中，高桥几乎无人不知。

高桥位于西塘河与大西坝河交汇处，以洞高、孔大著称，有"航舶过往风帆不落"之说。高桥的两面桥额各镌刻"高"字，南边的为"指日高升"，北边的是"文星高照"。

有人说，高桥始建于唐宋年间；也有人说，高桥始建于宋徽宗重和初年。宋代袁商《重建高桥记》中记载："桥横跨西塘河北岸，南通晋家桥，北通大西坝村，自昔由杭、绍来宁为必经之路。"

宋建炎三年（1129年），宋代抗金史上的"高桥大捷"，就发生在高桥。"高桥大捷"后，宋高宗降旨建庙立祠，纪念阵亡将士。当地士绅发起迎神赛会，以高桥宁德庙为中心，设立"高桥会"，每年农历三月初举行，历经宋、元、明、清、民国，规模盛大，名震浙东……

从高桥开始，西塘河一路向东，在望春桥和中塘河相会，然后一起奔向西门，投入北斗河，成为宁波护城河的重要组成部分。

多少岁月微波中？如果说，西塘河是大运河上一条飘动的丝带，那么这些古桥就是丝带上的一颗颗珍珠。拂去岁月的尘埃，这些珍珠熠熠生辉，璀璨夺目。

高桥，一座曾经很高很高的桥[1]

忽然想看看高桥，在这个春天。

高桥就在身边，却一直未曾寻访过。新年后的第一个阳光灿烂的上午，春寒乍暖，我直奔高桥。

地铁一号线出宁波城，一直和中山西路相伴，从西门口到望春桥一段更有中塘河相伴，过了望春桥则有西塘河相随。高桥地铁站西，一号线如飘带般向西北方向飘去，唯有中山西路和西塘河紧紧偎依不离不弃。

忽然，中山西路上出现了一块很有韵味的路牌——高桥老街。向南望去，大约几十米外，一座雄伟的石拱桥出现在眼际。莫非，这就是高桥？沿路牌移步，果然是高桥！

雄 伟 的 桥

高桥以高大著称，洞高、孔大为最大特点。高桥的大，可容得两艘官船并列交汇，为宁波西部平原最雄伟的古桥；高桥的高，曾巩在《广德湖记》中赞其："航舶过往风帆不落。"

旧时，宁波城有六座城门，其中西门为望京门，出望京门外的中塘河、西塘河上，曾有大卿桥、西成桥、望春桥、新桥、上升永济桥和高桥，其中高桥最为著名。

西塘河在高桥分为两支，一支发源于山下庄一带，由西而来；另一支穿过高桥，经大西坝，与姚江相连，名叫大西坝河。

---

[1] 此文发表于2022年2月28日"甬派"，本书有删改。

高桥横跨大西坝与西塘河的汇合处。大西坝为一古渡，始建于宋代，是官员学子、行商军旅出入宁波城的首选通道。高桥全长近三十米，面宽近五米，拱洞跨十多米，孔高近七米，给人以稳重雄伟之感。桥的两头各有伸出的鳌头雕饰，桥堍有踏跺，东西各三十多级，桥堍两侧有云彩纹抱鼓石。桥洞上方两侧各有石匾，北刻"指日高升"，南刻"文星高照"。南北各有对联，南边是"巨浪长风想见群公得意，方壶员峤都从此处问津"，北联为"水涨春江双桨移来天上，月明夜渚一珠点到波心"。

智慧的桥

高桥流传着许多历史故事，或英勇，或智慧，南宋首次大败金兵的战场就在这里。那是南宋建炎三年（1129年），宋高宗为躲避金兵追袭来到明州。腊月三十，寒风凛冽，金兵四千铁骑，从陆路直奔高桥。宋将张浚、杨沂中指挥士兵，将明州草席铺设在高桥上。顿时金军人仰马翻，被杀得措手不及。"高桥之战"成为宋代抗金史上首次胜仗，明州草席也因此有了"滑子"这一俗称。

数年后，宋高宗回到临安，降旨嘉奖张浚、杨沂中，在高桥边为张浚、杨沂中建起了宁德庙、锋庙。老百姓为表示庆贺，便形成了近千年来场面恢宏的"高桥会"。据《鄞县通志·礼俗》记载："先是三月赛会，俗称'高桥会'。"

清代万斯同在《鄮西竹枝词》中写道："高宗航海驻鄞邦，曾把高桥作战场。却恨元戎轻纵敌，复教兀术渡钱塘。"

历史的桥

有人如此称赞江南水乡宁波："三江六塘河，一湖居城中。"六塘河是城东的前塘河、中塘河、后塘河，城西的南塘河、中塘河、西塘河。除南塘河始建于唐代外，西塘河等五条塘河均建于宋代。西塘河始建于宋政和七年（1117年），一路东流，在望春桥处与中塘河汇合，由西门口入护城河。

世间的事总是千奇百怪，比如，在建筑史、军事史、交通史、民俗史上具有重要历史文化价值的高桥，其身世却是一个谜。有人说，高桥始建于唐宋年间；有人说，高桥始建于宋徽宗重和初年。北宋使用重和年号的仅有两年（1118—1119年），由此，人们推断，高桥始建于1118年。

高桥建成的同一年，高桥以南，原来浩渺的广德湖，在明州知州楼异的主持下，废湖为田。

宋代袁商在《重建高桥记》中记载："桥横跨西塘河北岸，南通晋家桥，北通大西坝村，自昔由杭、绍来宁为必经之路。"现存的高桥为清光绪八年（1882年）重修。1982年，高桥被列入县级文物保护单位。进入21世纪，高桥被评为"宁波十佳名桥"。

繁 华 的 桥

高桥地铁站、中山西路以北，有一处遗迹叫景安铺，唐宋时又称马铺，为"出望京门十里"之驿站，官府的公文信函及晓行夜宿的驿使快马都在此驻足。古代，从宁波出发，由水路北上，或赴仕或赶考或商旅，必经高桥。桥南面的"指日高升"，意在祝福渴求高官厚禄的官员和学子们；桥北面的"文星高照"，意在为往返于科举考场的读书人说个吉利话。老街上清代、民国时期的建筑星罗棋布，老柴门、小墙门、新屋门、老屋门如岁月长河中的朵朵浪花，特别是穿堂门，为章氏五世祖章镒居住地。让高桥人分外自豪的是，中科院院士、"中国电机之父"章名涛系高桥章氏第十九世孙。

风云际会，高桥独特的地理位置带来无尽的繁荣。历史上，这里水陆交通十分方便，北濒姚江，西连四明山余脉，南临集仕港、古林，向东经后塘河到宁波城。遥望烟云历史，西塘河上万船云集，百舸争流，官船如织。特别是打宋代开始，每年三月都有"高桥会"，持续三四天，聚众数万人。遗憾的是，到了民国，绵延多年的"高桥会"却消失了……

寂寥的桥

西塘河水静静地流淌着,流过了近千载的光阴。不长的老街上,一边临河,一边枕水而居,坐落着供销社、布店、咸货店、杂货店、饭店、卫生院、油车弄、小学等。特别是逢农历二、七有集,方圆几十里的人们都来赶集,常常在凌晨四点多,老街上就开始人头攒动。沧海桑田,喧嚣了数百年的老街,熙熙攘攘的集市,到了20世纪70年代,却慢慢没落了。21世纪的某年春日早晨,漫步老街,恍然如梦。老街上,高桥草帽铺店,以及打柿子、铁匠铺、蜂窝煤等具有时代特色的墙画,还原着一个时代的模样。水北为阳,当地最繁华处当属西塘河北岸,河畔有老人在晒衣服被子、洗蔬菜海鲜。河南岸,桥对面为修船站,在无意间留下了水乡的痕迹。

"曦晨,高桥村老街纤桥门突然响起一阵瓦螺声,从大西坝启航的船来了,等候的人们在船老大的看护下,男女老幼纷纷入船舱坐定。船老大在船尾把舵,两位船员在前面拉纤,乘风破浪往宁波西门口驶去。"老街上的这段话似乎让这里的繁华重现。回首20世纪,打40年代起,西塘河上这样的桨声灯影就十分常见。一直到1995年12月,作为西塘河客运航线上第二大站的高桥,由于公路运输代替了水上客运,航船悄悄退出了历史舞台。随着航船退出西塘河,老街上越发寂寥起来。

清晨的高桥老街是安静的,静得只有晨曦碰到河水的声音。眼下,高桥繁华不再,今非昔比——几十米外便是车水马龙的中山西路,站在桥头西北方向可望地铁一号线终点站高桥西站……但在我眼里,高桥闪烁着灿烂的光辉——高桥和周边吴江岸村、江南村、卖面桥村等村舍一起,灿若星辰,闪耀在宁波历史的长河中。

钱湖书楼知多少[1]

书院是中国古代的一种教育组织形式,多以私人创建为主。从唐代以来,中国的书院代代相承,有一千多年的悠久历史。"诗书之乡"鄞州,历史悠久、人杰地灵,重教兴学一直是这个江南名邑的优秀传统。据《鄞县志》记载,宋代鄞州的书院,有十余家之多,堪称鄞州书院的鼎盛时期。

享有"西子风韵,太湖气魄"美誉的东钱湖,自然景观与人文景观相映争辉,历经岁月的洗礼,东钱湖畔无数遗迹湮没在山水之中,其中就有隐学书院、二灵山房、东湖书院、茂屿山庄、余相书楼等,至今它们仍散发着历史的幽香。

隐 学 山 庄

钱湖多古迹,其中最古老、最著名的要数隐学书院,相传为徐偃王所建。

远古时期,中国有三大部落:华夏、东夷和苗蛮。位于黄河中上游的华夏族,经济文化发展较早,势力最为强大;位于黄河下游的东夷族,发展较缓慢,后来成为诸多小部落的首领。长期以来,两部落间不断发生战争,也不断地融合。相传,在大禹治水过程中,东夷族领袖少昊的后裔大业辅佐大禹治水有功,舜帝恩赐给大业的儿子伯益姓嬴。大禹治水成功,继承帝位,晚年准备传位于伯益,但伯益淡于权位,主动让位

---

[1] 此文发表于2009年6月20日《宁波大学报》,及2009年6月28日、2009年7月5日《宁波晚报》,本书有删改。

给禹的儿子启,自己则隐居起来。夏启六年,伯益被杀害。为了笼络人心,夏启一面厚葬伯益,一面将伯益的二儿子若木封于徐,即山东中部、南部,郯城一带。若木封徐后,徐国经历了夏、商、周三个朝代。

到周穆王的时候,徐国传到了第三十二代,徐国君主是以仁义著称的徐偃王。《辞源》释:"周穆王时,徐子称王,号为偃王。"有一次,徐偃王在疏导河道的时候,挖出了一副红色的弓箭,以为是上天给他的暗示,要他取代周穆王成为天子,于是就率领周围的三十六个诸侯,一起起兵进攻周朝。此时周穆王正在昆仑山西王母那儿做客,得到消息后立即返回镐京发兵讨伐徐偃王。眼看一场血战就要发生,徐偃王不忍让生灵涂炭,于是立即收兵弃国出走,躲进彭城(今江苏徐州)一带的深山之中,后来其经过会稽(今绍兴),来到了蓬莱(今舟山)隐居。郦道元《水经注》载:"偃王治国,仁义著闻,欲舟行上国,乃通沟陈蔡之间,得朱弓赤矢,以得天瑞,遂因名得号,自称徐偃王。江淮诸侯,服从者三十六国。周王闻之,遣使至楚,令伐之。偃王爱民不斗,遂为楚败。"徐偃王因仁义而兴国,又因仁义而亡国,却无怨无悔。中国古代大思想家荀子把徐偃王和仲尼、周公、皋陶、伊尹、汤、尧、舜、禹并列一起,看重的正是他的"仁义"。

后来,徐偃王来到东钱湖边的一座青山下过起了隐居生活。他建造了一座书院,作为自己读书的地方,并大力传播中原文化。徐偃王去世后,葬在鄞县东钱湖畔的青山上。清《鄞县志》考证古时"隐"通"偃",判断此山确因徐偃王墓而命名。据载,徐偃王隐学于此,其墓在"县东四十里隐学山,旧名栖贞"。后人为了纪念徐偃王,把他读书的地方叫作隐学书院,把隐学书院所在的青山叫作隐学山,把隐学山附近的一条山岭叫作隐学岭,把隐学岭背后的村庄叫作岭后。

晚唐时期,人们又在隐学书院所在地建造了隐学寺,成为东钱湖畔最早兴建的寺院。寺院的建立使书院的陈迹得以保存下来,寺内还供奉着徐偃王的神位。大殿楹联中有"寺旁王陵"字样,可见徐偃王墓确实就在寺院附近。隐学山一带的人家大多为徐姓,为徐偃王的后代子孙。如今,徐氏后人一部分住在隐学寺附近的郭家峙村,一部分则迁到云龙镇的前徐村。

二灵山房

东钱湖物华天宝、人杰地灵，最具代表性的要数以山灵水灵而得名的二灵山，这里正是"钱湖十景"之一的"二灵夕照"所在地。二灵山不仅因山灵水灵而得名，更因塔、寺、山房、名人而闻名于世。二灵山名人中以鄞县人陈禾最为著名，二灵山上的二灵山房便是陈禾所建。

陈禾，字秀实，鄞县人。宋元符三年（1100年）中进士，初调郓城司汉，为民众昭雪了几起死囚案，被呼为"青天"，于是被荐于朝廷。权相蔡京一派的酷吏李孝寿，为铸钱一案无故牵涉许多朝臣，陈禾查清后，奏明朝廷罢免李孝寿。其时，东南武备松懈，陈禾奏请朝廷增拨银两，修缮城池以防备盗贼，可是却被一些朝臣诬为无事生非。不久即发生几起盗贼破城事件，朝臣都佩服陈禾有先见之明，于是他被朝廷升为左正言。

陈禾在朝为官，刚正不阿，不媚权贵。当时童贯专权，与权臣黄经臣一起排斥忠良，朝臣敢怒而不敢言。陈禾挺身而出，直说："此关国家安危之本，吾负言责，岂可不言。"遂上本徽宗，首劾童贯，复劾黄经臣种种罪状，要求把此二人发配远方，此举一时震动朝野。朝中大臣反复议论而不决，徽宗皇帝十分不耐烦，便拂衣而起。正欲入内，却被陈禾一把拉住袍袖，恳请徽宗议毕，不料拉得重了，竟将龙袍撕裂。徽宗道："正言，你把朕的衣袖撕裂了！"陈禾哭奏道："童贯等辈今日受富贵之利，陛下他日受危亡之祸。"言辞恳切，徽宗大为感动。这时，内侍捧新袍上殿请徽宗更衣。徽宗摇头道："留此袍，以嘉旌直臣。"然而陈禾力不敌众，斗不过童贯的滔天权势，被诬为"狂妄"，后陈禾遇赦，便回到故乡鄞县隐居。

东钱湖东南的二灵山位于下水港口，一面连山、三面临水，风光绮丽，有游龙入湖之势。

陈禾钟爱东钱湖秀丽的山水。宋熙宁年间，陈禾在二灵山建造二灵山房，又名二灵院。后来，人们在二灵山房原址上建造了二灵寺。据《天童寺志》载，唐末五代，钱元瓘在这里始建石塔二灵塔。现存古塔为北宋政和年间所造。1997年，二灵塔被浙江省人民政府列为重点文物保护单位。二灵山水堪称千百年来东钱湖风光最美的地方，每当夕阳斜照，阳光横穿古塔石孔，塔影倒映湖中，为二灵山水最美的时候。岁月沧桑，物换星移，"钱湖十景"中的一些景观已湮没无存，而"二灵夕照"却依然如故，长伴东钱湖。

"二灵"的来历还有一说，与陈禾有关。是时，徽、钦二宗被金兵掳去，北方国土被金兵侵占，康王赵构逃到杭州做了南宋小朝廷的高宗皇帝。而高宗听信秦桧等人谗言，只图偏安不思北伐，以致抗金名将岳飞父子被害，而徽、钦二宗死于金国。陈禾对徽、钦二宗感情深厚，当他听说徽、钦二宗死在金国后，就辞官回到东钱湖，建造二灵山房，表面上看是由于建在二灵山故名二灵山房，实则是在供奉徽、钦二宗灵位。

陈禾一生不媚权奸铮铮铁骨，受到当时人们的崇敬。陈禾死后，后辈将其墓地建在二灵山上。陈禾之子陈曦官至翰林学士，秉承其父遗风，死后亦随父亲同葬于二灵山。陈禾之孙陈伯鼎亦登翰林，世称"祖孙三学士"。

东 湖 书 院

鄞县的书院也称"书楼""山房""山庄""居""斋""讲舍""堂"等。据记载，杨适、杜醇、王致、王说、楼郁曾"就妙音院立孔子像讲贯经史、学者宗之"，首开讲学之风，并且各自创建书院，曾有"庆历五先生"的美誉。此后鄞县各地书院如雨后春笋般相继建立。东钱湖畔众多书院中有据可查的首推东湖书院。

说到东湖书院，不得不说起东钱湖北边的高钱村。《四明谈助》记载："高钱山，山下有高、钱二族，故名，旧志称西亭山。"高钱村背靠宽广的邱隘平原，三面环山，万木葱郁，河网纵横交错，有众多青石板路、老石桥以及石砌的航船码头等，是一个典型的江南水乡。翻看高钱村的历史，宛如打开了一幅中国山水画卷，处处透露着广博和深邃。相传高姓和钱姓是高钱村的两大姓。高姓的先人来自汴梁，系武烈王高琼之后。宋建炎年间，高姓子孙随皇室南渡，居住在鄞县，其中有曾做过泰州如皋县尉后隐居此间的高友文，他和奉国军节度使钱亿后人钱颀，同住在东钱湖北，二人嗜好读书谈论经史，于是高钱之名遗留下来，渐渐形成高钱二族。高钱村也和读书结下了不解之缘。

据《中华长江文化大系》中"长江下游的书院"一章记载，鄞县的东湖书院为元天历元年（1328年）陆居敬、陆思诚创建。元泰定二年（1325年），陆居敬和陆思诚两兄弟为实现父亲陆天佑办义塾施教本地人的遗愿，捐地六十亩在高钱村兴建义塾。义塾建成后，被命名为东湖书院。《四明谈助》记载，书院"讲有席，息有榻，凡庖湢之所，食饮之器，蔬苜之圃，虽微而完"。

后来，元代鄞县学者、教育家程端礼（字敬叔）和元代鄞县理学家、诗人程端学（字时叔）两兄弟在高钱村讲学。他们一同受学于宋末元初著名理学家史蒙卿，且以教育论著而闻名，因此时人将他们与宋代程颐、程颢兄弟相提并论，也称为"二程"，二人讲学之地称为"二程学舍"。程端学在《东湖书院记》中赞美高钱村："山围而献秀，水溢而浮光，舟行若乘气凌空，不知身在尘世也。"程端学作碑文纪念书院的落成，并称赞陆氏的贡献。据《浙江·宁波书院对联集锦》载，元天历元年，乡人陆居敬与弟陆思诚创建东湖书院于东钱湖北，奉朱子像，教一乡之子弟，堂名"育英"。元至正年间翰林编修马易之建先贤祠，祀宋代陈禾等十人。程端学曾为记，明代废。

值得一提的是，在东钱湖畔，还有一座东湖书楼。东湖书楼为元代高僧释祖铭所建。释祖铭，俗姓应，字古鼎，奉化人士。释祖铭在鄞县东钱湖北侧青山建钟秀阁，即东湖书楼。

元至正十八年（1358年），甬上儒学大师兼山水诗人袁士元在五十六岁高龄之际，重返高钱旧馆留宿金子亨书楼，高钱的许多文友亦相聚一堂，饮酒作诗，其乐融融。

茂屿山庄

东钱湖历史悠久，人文荟萃，千百年来，东钱湖畔不仅有着隐学书院、二灵山房、东湖书院等，还有茂屿山庄。茂屿山庄为明代兵部尚书张时彻所建。

张时彻，字维静，明弘治十三年（1500年），出生于鄞县张家潭。据宗谱记载，南宋淳熙元年（1174年），张氏始祖张原一从临安迁居到鄞县布政寺。此地有槎湖（广德湖）和二龙潭，张家潭村由此而来，张氏宗族也被人们称为"槎湖张氏"。张氏宗族以耕读传家，逐步发展为甬上望族。明弘治十八年（1505年），张氏十一世子孙张邦奇考中进士，后升为礼部尚书。张邦奇的叔父张时彻年纪比张邦奇小十六岁，自幼师从侄子张邦奇。明正德十五年（1520年），张时彻中举，后任福建参政、四川巡抚等职。明嘉靖三十三年（1554年），倭寇侵犯东南，张时彻出任南京兵部尚书，为抗倭寇保东南立下功劳。同时，张时彻还大胆揭露严嵩父子罪行。后来，张时彻遭到严嵩父子的陷害，被迫弃官返回故乡。

东钱湖畔横溪的河头村、孔家潭村坐落于鄞县前塘河的上游两岸，孔家潭北有金溪山、茂屿山，历史上曾为风水宝地。张时彻返回故乡后，在茂屿山建造了茂屿山庄，成为当地文人墨客日常聚会吟诗诵词的好地方。《敬止录》记载："明兵部尚书张时彻构庄于其上，一时文学之士，多有陪侍之章。"张时彻当时有两位至交，一位是明代政治军事人物屠大山，另一位是天一阁主人范钦。两位都官至兵部侍郎，也都因受到严嵩父子的陷害而被迫弃官。他们三人志同道合，时人称"东海三司马"。在"东海三司马"中，张时彻学识渊博、见识高超，堪称"明朝甬上文坛盟主"。以张时彻为中心的文人雅士们因无法建功立业，便相约"登四明，扪石窗，观烟云日月之去来；距海门，看苍冥，见长波大风之回荡"，为东钱湖留下了大量脍炙人口的优秀诗篇。张时彻的《霞屿寺》中写道："烟霞探不极，犹上望湖亭。孤屿悬明镜，群峰转画屏。"范钦的《泛东湖》中写道："澄波四望空，画舸溯泠风。野寺轻鸥外，人家细雨中。菰蒲临水映，洞壑与天通。即拟寻真去，花源杳未穷。"清朝名士李邺嗣非常仰慕张时彻的风度，曾在《甬上耆旧诗》中坦言："吾恨不与张大司马同时耳。"

张时彻从官三十多年，后弃官返回东钱湖居住了二十多年，在这期间，他不但吟诗诵词，而且积极参与各种社会文化活动，著有《张司马集》《芝园全集》《东沙史论》《四明风雅》《明文范》等，还编纂有《宁波府志》《定海县志》《救急良方》等。

张邦奇、张时彻同出槎湖张氏，史称"叔侄两尚书"。清代史学家全祖望的《甬上族望表》中记载："明以前无显者，今列兵部尚书谥文定邦奇、后部尚书时彻、光禄少卿子瑶为三望。"据天一阁珍藏的《槎湖张氏第六次重修宗谱》统计，槎湖张氏自五世至十八世"征辟、进士、举人、武举和贡"共二十九人，从六世至二十一世授予各种官吏的共九十八人。清代史学家万斯同在《鄮西竹枝词》中也写道："张家潭水带长渠，万顷烟波绕屋庐。莫道乡间无俊物，此中曾出两尚书。"

据钦定四库全书《弇州续稿》卷九十四记载，明万历五年（1577年），张时彻去世。张时彻葬于故乡鄞县古林张江岸村，墓园面积有十余亩，前有牌楼，后有两列对称的八尊石像，分别是人、马、羊和虎，还有一座假山。后来，墓园逐渐废弃。1986年6月，鄞县公布张时彻墓前石刻造像及墓志碑为文物保护点，墓碑被文物保护单位收藏。

余相书楼

自宋代以来，东钱湖畔诗词歌赋吟咏不休，久而久之形成了诸多山水画卷。到了清代，鄞县人忻恕将这些景点提炼为"钱湖十景"。"钱湖十景"中有一以书楼命名的景点——"余相书楼"。余相书楼为明代宰相余有丁所建，原名五柳山庄，又称余相国湖庄、白鸥庄，被美誉为"江南大观园"。

余有丁，字丙仲，号同麓，鄞县人。其祖上从舟山迁来，父亲余永麟以举人身份出仕为官，初为浦城教谕，后为浦江、昆山知县。明嘉靖六年（1527年），余有丁出生。余有丁自幼博闻强记，日诵诗文数千言，文名遍播乡邻间。明嘉靖四十年（1561年），余有丁在顺天中举，次年中进士。明万历元年（1573年），余有丁以右庶子领南翰林，次年为国子监祭酒。当时，在学馆念书的学生大多喜欢结伴闲游，怠惰于学。余有丁任祭酒后，觉得这样学风不振，培养不出优秀人才，便对此行为加以禁止，并令学生相互保证，若故意违犯不报则严厉惩处。此后国子监学风为之一振。余有丁还亲自校订二十一史，并重新刻印，使后学者有所遵循，得益良多。

余有丁因博学多才、为官正直，受到了丞相张居正和吏部尚书王国光的赏识，他们一个是权倾朝野的首辅，一个是被称作"天官"的吏部尚书。丞相张居正更是在临终前极力推荐余有丁，使他一举登上相位，升任户部尚书兼文渊阁大学士，成为皇帝身边非常亲近的大臣之一。

余有丁在任翰林编修时，常为皇帝起草诏书。前几任编修总是先将诏书写个大略，然后把内容告知受诏者。受诏者为了使诏书写得有利于自己，常以丰厚的馈赠让编修为其润色。余有丁则认为，诏书是皇上说的话，岂可利用草诏之权讨好受诏者。于是，从余有丁开始，凡为皇上草诏，拒绝一切馈赠。明万历中，杭州府发生兵变，朝廷派兵部侍郎张佳允为浙江巡抚，前去处理。张佳允感到为难，便向余有丁讨教对策。余有丁告诉他，杭州府内的叛军如同困兽，听说河南的徐景星曾率领过这支军队，现在因失职而闲居于蓟门，此人有谋略，何不请他来解决这次兵变。张佳允听从了余有丁的计策，杭州府内的叛军见来者是徐景星，纷纷倒戈，把叛军首领缚至军门斩首，兵变得以平定。由于余有丁处理政事光明正大、待人宽厚，与同僚共事相安无猜，朝政为之一新。余有丁被誉为"明廷硕辅"，足见其在朝廷上的显赫地位。

东钱湖北月波山下，景色优美如画。南宋淳熙五年（1178年），宰相史浩始建月波寺，宋孝宗钦赐"慈悲普济"匾额，寺内有月波楼。随着朝代更替，几经兵荒战火，月波楼不复存在，明洪武十五年（1382年）月波寺重建。余有丁素有高世之志，酷爱山水，对故乡东钱湖十分眷恋，从其《东钱湖》一诗可见一斑："钱湖佳胜万山临，映水楼台花木深。开拓平畴八百顷，不知谁祀陆南金。"余有丁每到一处，便大力推介东钱湖，且其一直有志于在东钱湖畔建造一座集天下庭院雅趣于一体的园林。明万历元年（1573年），余有丁买下东钱湖边月波寺旧址，建造读书楼。因仰慕五柳先生陶渊明，故将读书楼取名五柳山庄，内设日涉园、归来堂、觉是斋、晨曦亭、矫首台等。山庄枕山面湖，地广百亩，四周是一丈多宽的水渠。渠外种有千余株柏树，渠内遍种桃、桑、竹。山庄正门用大木头筑成，上挂"五柳门"匾额，门前有五株垂柳，门前石柱对联上写道："月临三宝地，波荡万金湖。"明神宗御书"名山洞府"赠予山庄。传说余有丁还养了一群鸥鸟，每当有朋友从远方来探望他，鸥鸟感知人声便在湖面上盘旋鸣叫，余有丁远远望见便知道有朋友来访。可惜余相书楼后来毁于战乱兵火，荡然无存。

明万历十二年（1584年），余有丁因病去世。余有丁去世后，皇帝亲自下诏将其厚葬于东钱湖畔隐学山，且赠太保，谥文敏，故称余文敏公。余有丁的墓道，文臣、武将、立马、蹲虎、跪羊等一应俱全，至今仍依稀可辨石碑上所刻"万历十三年五月初四日甲戌，皇帝遣浙江等处承宣布政使……"字样。余有丁墓道被列为全国重点文物保护单位。早些年，在宁波南大路边还有一座纪念余有丁的余公祠，据说，旧时宁波府和鄞县的新任官员上任前都要前往余公祠祭拜。

东钱湖畔的书院还有：南宋史嵩之少年时在东钱湖畔梨花山读书处，史称"读书台"；南宋焦征君在东钱湖畔大涵山讲学处，史称"焦征君讲舍"，又称"焦先生书院"；南宋刘隐君在东钱湖畔青雷山讲学处，史称"刘隐君南窗"……

闲走莫枝三角地[1]

喜欢上莫枝,是因为一幅《东钱湖边上的莫枝古镇》的油画:画面是江南水乡,数只渔船悠悠飘过,河畔是繁华蜿蜒的长街,长街上布满了层层叠叠的江南民居,烟雨朦胧、悠远神秘、如梦如幻、似诗似画,让人仿佛走进了沈从文先生笔下的凤凰古城。

深秋的一天,我不经意间走进莫枝。一条古老的河水向北蜿蜒而去,牵扯出莫枝悠久的历史。东钱湖四周有七十二条溪汇流于湖;三峡溪倾于东,泉月溪灌于西,郭童溪流于北,象坎溪注于南,其余如上水、下水、韩岭、青山、黄菊、紫场、大慈等溪,纵横贯注,汇成烟波浩渺的东钱湖。历史上,东钱湖曾是宁波连接象山港的重要交通枢纽和水陆转运中心。由于此,东钱湖畔拥有两个"市":一个是东钱湖南的"韩岭市";另一个便是东钱湖北的"堰头市",也就是莫枝。在青山绿水之间,东钱湖畔形成两个称市的集镇,这不能不说是一个奇迹!有意思的是,在许多当地老人的记忆中,东钱湖只不过是一个"湖",而莫枝、韩岭则是"市"——尽管这个"市"不是行政区域上的"市"。

禁不住莫枝的诱惑,我先后十多次走进莫枝老街感受莫枝的历史。东钱湖畔的村庄不少,街道、道路、弄堂更是不计其数,而真正可以称为"街"的只有莫枝、韩岭这种大市镇的主要道路了。莫枝不但有街,而且有东、西两条街,街沿河或直或曲,南北走向一里有余。莫枝老街上,历史和现实和谐地交融着:弹绵花店、丝绸铺、药房、山妹子土特产、竹器店等具有东钱湖特色的店铺比比皆是,兰州拉面、川菜小馆、

---

[1] 此文发表于2009年3月17日《鄞州日报》,被《四明风韵》(宁波出版社,2015年版)一书转载。

老陕面馆等外地特色小吃也不在少数,美容美发、宾馆、茶室、超市等具有时代气息的门面星罗棋布,新华书店、供销社、旅社、理发店等记录着莫枝历史的老式店面点缀其中。

岁月沉淀着历史,湖水凝聚着文化。东钱湖地处鄞东平原和大嵩滨海山区之间,海产、山货通过东钱湖运到宁波城里,宁波城里的日用品也通过东钱湖源源不断地运往山区各地,东钱湖及东钱湖下游通往宁波的中塘河,成为古代鄞东商旅的黄金水道。遥想当年,源源不断的水产从象山港上岸,过咸祥古镇,穿韩岭老街,连同丰富的东钱湖湖鲜山货,汇集于莫枝,然后浩浩荡荡地向宁波出发。到了莫枝,方圆几十里的乡亲们常常要歇歇脚,吃吃饭、喝喝酒、聊聊天,于是将水产、湖鲜、药材、茶叶等从埠头搬上岸,一字排开,大声吆喝。街头四季鱼虾跳跃,屋舍早晚炊烟袅袅,河畔时时人声鼎沸。常年过往的客船、商船使得莫枝日益繁华,老街商贾云集、货物辐辏、车水马龙。有钱的人家便在老街上盖起了房屋,做起了客栈生意。每至暮色四合之时,河上的无边渔火与老街上的万家灯火交相辉映,时常还会传出几句韵味悠长的越剧,使人仿佛置身于秦淮河畔。日久天长,这里成为远近闻名的"堰头市",成为这一区域的政治经济文化的中心。

自唐以来,历代先贤们对东钱湖进行开拓、治理。唐天宝三年(744年),当时的鄞县县令陆南金,鉴于鄞东地区缺水,决定把东钱湖盆地几处峡谷用堤坝封起来,东钱湖因此蓄水量大增,成为惠及鄞、镇、奉三县大片地区养育一方百姓的母亲湖。《鄞县志》载:"东钱湖圈山成湖,大腹细颈,工程不甚繁复,自唐开筑,经历代修缮完备,基本形成七堰十一塘四闸一斗门格局。"这些水利设施不仅是我国古代水利工程的一个缩影,更是追溯东钱湖灿烂历史文化的一把钥匙。湖上湖下的水位高低相差好几米,为了使船只自由通行,人们沿湖设了七个湖堰:钱堰、梅湖堰、栗木堰、莫枝堰、平水堰、大堰和高秋堰。东钱湖的湖堰很有地方特色,堰面砌成人字屋脊形,既可以拦水又方便通船。湖堰旁均有调节湖水的闸门,湖堰平时堵湖水通船只,遇到了洪水则溢洪泄水。堰顶有两种:一种是车堰,堰身较窄,顶上装置船坝,两旁设有辘轳,由人工运转拽船过坝;另一种是磨堰,堰身较阔,上下游斜坡平缓,小船过堰,用人力在船头船尾反复交错移动磨盘而上。东钱湖湖水既适宜航运,又利于农业精耕细作——灌溉着鄞县、奉化、镇海等八乡五十余万顷农田。当地俗话说得好："田要东乡，儿要亲生。"说的就是东乡的田地得益于东钱湖湖水，年年高产。东钱湖七个大湖堰中最大的要数莫枝堰。历史上，莫枝有东、西两堰，东堰最著名。东堰原为泥坝，在水岸上装置了一个木制的转筒，用绳索维系船只，可用人力推转过坝。史载："清道光十五年，乡人郑世治重修。"20世纪60年代，东堰改建为人工控制电动车坝，最大承载能力达十五吨，可以同时过坝三吨位船只两艘。1979年，东堰又改建为电动控制车坝，采用高低轮惯性过坝方式。岁月沧桑，20世纪80年代，随着陆运的日益发达，莫枝堰慢慢退出人们的生活中。

莫枝因堰得名，"莫枝"名从何来？相传，春秋时期，干将、莫邪在浙北莫干山铸剑。雌雄剑铸成之日本想献给越王勾践，但越王已被吴王夫差打败。吴王一心想得到这对宝剑成就霸业，于是派人在各地寻找干将、莫邪。二人不肯将雌雄剑献给吴王，自知难逃一劫，就把剑藏起来，告诉儿子"剑在松下，树在石上"，并叫儿子远躲东海之滨。吴王命人杀了干将、莫邪，从此，雌雄剑下落不明。越王经过十年卧薪尝胆发愤图强，终于打败了吴国。越王回国后，干将、莫邪的儿子找到范蠡，带他来到东海之滨的东钱湖畔，在两山夹着一块巨石的地方，告诉范蠡宝剑就在这里但他自己还没有找到。范蠡一看，这里是东钱湖的一处落水隘口，除了巨石和其上的一间草屋，此外一无所有。范蠡命人搬走草屋，移开屋柱底下的石块，雌雄剑登时呈现在众人面前。干将、莫邪的儿子把雌雄剑献给了越王，此剑为越王成立霸业立下了大功。到了宋代，王安石治理东钱湖，在干将、莫邪藏剑的巨石旁，一侧建了堰坝，一侧造了放水闸，并为堰坝命名为"莫枝堰"。

莫枝老街河埠头的空地上被勤劳的莫枝人种上了鲜嫩的蔬菜，竹竿上晾晒的青鱼、朋鱼勾画着水乡的无限风情。莫枝人迈过浅浅的老街，步入埠头洗衣淘菜，东西街上的人们隔河招呼问候，亲如一家，其乐融融。偶尔一位老人坐在阳光下一边磨着剪刀一边诠解着行家里手的好手艺。逆水南上，东西街慢慢"靠近"，街的尽头是一处"高峡出平湖"般广阔的湖堰。湖堰犹如一枚精美的纽扣，一边衔接着山水间的东钱湖湖水，一边通汇着河水，河水流过广阔的鄞东平原，沿途汇集着各路河流，慢慢地就拥有了一个响亮的名字——中塘河。中塘河在横石桥与前塘河交汇，在江东四眼碶汇入宁波的母亲河奉化江，然后一路奔向东海。东街的尽头有一块石条，上刻有"莫枝堰碶"，细细看去，"光绪伍年"的字样清晰可辨。西街尽头是已经不再使用的电动车坝，仿佛在静静地追忆着往日的繁华。

过湖堰，向东是沿东钱湖谷子湖畔曲折蜿蜒通向莫枝村的湖滨东路。湖滨东路一边为浩如烟海的东钱湖，一边是依山而建的渔家。莫枝人是幸福的，临湖而居，可食钱湖湖鲜，更可赏钱湖湖光。莫枝村的老人们还告诉我们，早些年莫枝东街湖堰附近有好几处关帝庙，供奉着好几尊关帝像……

步入莫枝村深处，水乡特色的"丰"字形弄堂渐渐多了起来，慢慢地与"钱湖十景"中"殷湾渔火"的殷家湾相连在一起。称奇的是，一处通向湖水的狭窄弄堂，东边是殷家湾，一步之遥便是莫枝村。

新世纪的莫枝迎来了开发建设的春天，以水乡泽国和民俗风情为特色的水乡市肆、莫枝古堰、平水古堰等景点逐渐得到开发。莫枝是历史的，莫枝更是文化的。我渴望着莫枝的历史文化不要失传，我更期待着崭新的莫枝早日迎来属于它的荣光。

夺得千峰翠色来

"九秋风露越窑开,夺得千峰翠色来",在晚唐诗人陆龟蒙的诗句中,越窑青瓷翠色似千峰。而在五代诗人徐夤眼里,越窑青瓷"巧剜明月染春水,轻旋薄冰盛绿云",烧制出来的秘色瓷如绿色的云朵一般让人赞叹不已。

如果说,宋韵之美求收敛,那么,宋瓷之好则求含蓄。

青色,是生命的色彩,更是瓷器中的原始色和基本色。青瓷的生命力从萌芽开始,都处在一片青色之中。

秘色,原意是"保密的釉料配方""稀见的颜色"。青瓷之美,在于釉色;青瓷之釉,自秘色达到巅峰。秘色,青翠欲滴,如冰似玉,如雨过天晴的天空,似一泓莹碧的湖水。据说,秘色一词正是源于陆龟蒙的《秘色越器》。

越窑秘色瓷,又称越窑青瓷、越瓷、秘瓷、秘色越器,指用保密的釉料配方涂抹物表面烧制而成的瓷器。越窑青瓷,是上林湖"似玉类冰"上乘青瓷的代名词。越窑青瓷的特点是胎骨较薄、施釉均匀,釉色青翠莹润、光彩照人。

颜况的"越泥似玉之瓯",许浑的"越瓯秋水澄",皮日休的"圆似月魂堕,轻如云魄起",孟郊的"蒙茗玉花尽,越瓯荷叶空",等等,都描绘了秘色瓷的绝美和人们对它的推崇。

越窑青瓷的发祥地在何处?正是位于宁波慈溪桥头镇的上林湖。上林湖依偎于群山怀抱中,湖岸曲折多姿,四周山势峻峭。湖东的杜湖、白洋湖、五磊寺、金仙寺等,则为上林湖增添了无限的情趣。古时上林湖属越州,故这里烧瓷的窑称为越窑,这里烧出的瓷便是越窑青瓷。

上林湖越窑遗址，位于慈溪市桥头镇栲栳山北麓的上林湖一带，是越窑青瓷的烧制中心。

谁也想不到，在小小的桥头镇，中国最早的成熟瓷器——越州青瓷诞生了。越窑自东汉开始烧制瓷器，到两宋停烧，青瓷走过千年岁月，成为我国持续时间最长、影响范围最广的窑系。而越窑青瓷作为我国古代最著名的青瓷窑系，更获得了"母亲瓷"的美誉。

回溯历史，远古时期的明州，已经出产了丰富的陶瓷制品。东汉是越窑青瓷的初创时期，上林湖一带烧制青瓷的历史亦可上溯到东汉。早期的青瓷产地主要在上虞、宁波等地，这些区域均发现了古窑址，说明当时的青瓷生产已经具有一定的规模。

自唐代至北宋，是越窑青瓷生产的鼎盛时期，越窑产品曾代表我国青瓷制造的最高水平。唐宋时期，烧制瓷器的地域范围相当广，在绍兴、上虞、嵊州、余姚、慈溪、鄞州、镇海、奉化、象山等地都发现了大量的越窑古窑址，而且其分布区域和数量都超过了前代。

唐代的文人雅士喜欢饮茶，越窑青瓷温润如玉的釉质，青绿略带闪黄的色彩能完美地烘托出茶汤的绿色，因此越窑青瓷受到了文人雅士的喜爱。盛行的饮茶风尚对越窑青瓷的形制也有所影响。从唐代开始，上林湖越窑迅速崛起，成为越窑青瓷制瓷技术的领头羊，车载船装的贡瓷和不断拓展的外销瓷市场更推动了越窑的迅猛发展。上林湖周边的杜湖、白洋湖、古银锭湖，甚至东钱湖都出现了一个个新的瓷窑。随着制瓷技术的提高，窑场的范围不断扩大，已发现的从东汉到北宋的古窑址有一百多处，范围分布在上林湖、上岙湖、杜湖、白洋湖和古银锭湖等处，其中以上林湖的窑场分布最为集中，产品最为丰富。

据记载，五代吴越国钱氏王朝曾在上林湖设置官监窑，专门生产釉色青绿、釉质莹澈的秘色瓷，作为宫廷的用品和向中原诸王朝进贡的瓷器。由于官监窑烧制的数量十分有限，而且考古出土的秘色瓷更是数量稀少，所以，秘色瓷一直受到国内外古陶瓷学术界的密切关注。

到了宋代，上林湖、东钱湖畔生产的越窑青瓷种类丰富、造型优美，曾贡奉于朝廷，并畅销国内外。上林湖窑场和东钱湖窑场也因此成为当时我国最重要的两个青瓷烧造中心。

北宋末年至南宋初年，越窑经历了一段时间的停烧。南宋初期，由于朝廷征烧祭器和生活用瓷，促使上林湖寺龙口、低岭头、开刀山一带瓷业生产再度兴旺，使濒临消亡的越窑起死回生，出现了一个短暂的繁荣时期。但好景不长，随着南宋朝廷在临安设立官窑，专烧宫廷用瓷，与此同时，龙泉窑逐渐兴起，越窑的火苗慢慢熄灭了。

越窑青瓷不但是供奉朝廷的贡品之一，而且是唐代一种重要的贸易商品，在工艺美术领域开创了一个新世界。越窑青瓷历史悠久、影响深远，备受人们的青睐，其作为传统制瓷工艺的珍品，其神其韵散发着古老文明的光芒。

唐中后期，一条以上林湖为起点，由明州港通往海外的"海上陶瓷之路"逐渐形成。以陶瓷等为载体的唐文化，迅速向全世界传播开来。上林湖的越窑青瓷成为明州对外贸易、文化交流的桥梁和信使。唐宋以来，越窑青瓷通过明州港远销朝鲜、日本及阿拉伯等国家和地区。近半个世纪以来，韩国、日本、菲律宾、马来西亚、印度、伊朗、埃及等国的古港口、古城堡遗址屡屡出土上林湖产的青瓷遗物，正好印证了当年"海上陶瓷之路"的盛况。

广德湖，朋友圈里故人多[1]

盛夏，如果甬城东西有碧波荡漾的湖水加持，那将是多么惬意的事。

这曾经不是梦想：近千年前，城东东钱湖，城西广德湖，还有城中日湖、月湖，承载着甬城的岁月芳华。

沧海桑田。眼下，"西子风韵，太湖气魄"的东钱湖成为宁波的"后花园"；而"广袤万顷，惠泽于民"的广德湖却消逝在千年风雨中……如果把广德湖比作一个人，那么广德湖的朋友圈里故人颇多。

诗歌界故人：写尽诗意盎然的广德湖

"四明八百里，物色甲东南。"广德湖历来是文人墨客寻古访幽、吟诗作赋的好去处。

"泽国秋晴，天高水平，遥山晚翠，极浦寒清，循游具区之野，纵泛广德之宽"，这是晚年自号"四明狂客"的唐代著名诗人、书法家贺知章《广德秋泛赋》中的诗句。深秋时节、水乡泽国、天高云淡、远山叠翠，这可能是最早盛赞广德湖的诗歌。

宋治平年间，曾任奉化、象山县令的林旦在《题广德湖》中赞美道："我来无限风光好，占得魁奇胜洛阳。"林旦非宁波人，与苏轼、王安石为同科进士，做人、为官、从文堪称一流，后人称其"以文学为政，邑人宜之"。

四明山脉与鄞西平原交汇处，人文璀璨、风景秀丽，这里有全国"千年桃源"传说发源地之一的武陵溪。《桃源乡志》中收录了张汀的

---

[1] 此文发表于2023年7月28日"甬派"。

《桃源八景》等，其中《广德秋湖》中写道："客过湖郊问旧游，谁将烟水博田畴。"

广德湖，又名"罂脰湖""莺脰湖"。王天选的《罂水清波》更让人神往："水深清澈洽田畴，广德形踪入两眸。"

旧时，广德湖中有两座山，不高却很有名，其中湖西南为望春山。王应麟的《题望春山》赞道："群峰西南起还伏，湖上丹丘立于独。"杨承鲲作有《望春山》："却望大雷雨，横垂罂脰西。"戴尚灼的《游黄公林》闪现着广德湖的倩影："罂脰湖南绿水滨，森森古柏壮笄巾。"

宋嘉熙年间，西汉大儒董仲舒六世孙、东汉著名孝子董黯的第四十三世孙董全八，从慈溪（当时县治在慈城）迁到城西，在集士港湖山村落地生根。因在鄞西，且近湖泊河，故被称为"鄞西湖泊董氏"；十三洞桥建成后，被称为"十三洞桥董家"。

《鄞西湖泊董氏宗谱》中，董敦修的《罂湖十咏》——千亩农歌、西山夕照、远峰塔影、长堤柳色、洞桥夜月、山寺钟声、墨潭渔歌、回龙激湍、三山烟雨、桃源晓市，成为追寻广德湖昔日风光最集中的诗作，其中《洞桥夜月》云："高驾长虹洞十三，平湖一镜冷光涵。"

文史界故人：最爱古韵悠长的广德湖

"广"，有"大""众""多""宽""阔"等含义；"德"，指遵循本性、本心。在宁波，地名中含有广、德的真不少，比如，广济街、广仁街、广安里、广安桥、广安路、德记巷、厚德街等。广德湖之名源于何处？

一说，广德湖曾"广袤数万顷""惠泽于民"，湖面广阔，于民有大德，故名"广德湖"。另一说，唐大历八年（773年），鄞县县令储仙舟对湖进行疏浚整治，正式命名"广德湖"。还有一说，广德湖修筑于唐广德年间，故名"广德湖"。

《四明谈助》记载："广德湖，旧名莺脰湖。"缘何取此名？湖面像酒器罂脰，故有"罂脰湖"之称。

广德湖原为海迹潟湖，形成于汉晋之际。王象之《舆地纪胜》引《夷坚志》载："明州广德湖，自东汉以来有之，其广袤数万顷。"宋天禧二年（1018年），明州知州李夷庚确定广德湖湖界，可以灌溉农田两千顷。到了宋熙宁元年（1068年），鄞县知县张峋修浚广德湖，书写了广德湖的最辉煌时刻，堪称"明州第一胜境"。

千年前，广德湖发挥着"惠泽于民"的重要作用。《桃源乡志》记载，广德湖"宋时溉田二千顷，约占鄞县土地一半"。"唐宋八大家"之一、新上任的明州知州曾巩专门写下《广德湖记》，提及湖之产，"有凫雁鱼鳖、茭蒲葭蔓、葵莼莲茨之饶"。

广德湖命运的改变源于一个叫楼异的人。楼异原籍奉化，徙居鄞县，为"庆历五先生"之一楼郁之孙。

其实，广德湖之废与兴修高丽使馆存在着因果关系。宋神宗以后，明州成为北宋与高丽海路交通的唯一进出港口。朝廷将使节的接待任务直接交给地方，这给地方造成不小的压力。当时北宋内忧外患，哪有余钱？于是下诏称谁能为朝廷增加赋税收入，就可升官。

同时，广德湖之废与楼异职务的任命也存在着必然联系。当时，朝廷给楼异的任命是去湖北随州当知州。随州和宁波相距千里，楼异想留在宁波。看到诏令，楼异上奏宋徽宗，"废莺脰湖为田，可益赋四万石"。宋徽宗一听大喜，将楼异改任明州知州。

宋政和七年（1117年），楼异刚上任明州知州，就开始了废湖开田。《四明谈助》记载，由于"湖水尽泄，自是岁有水旱之患"。

楼异之孙楼钥任吏部尚书、参知政事时，奏请宋宁宗，追赠楼异为太师楚国公，且敕赐灵波道院庙额曰"丰惠"。灵波道院所在的地方原叫"丰穗村"，现为"丰成村"。

宋徽宗曾留下御笔碑，记录着让楼异置办购造楼船的敕谕等内容。元至元年间，御笔碑从月湖畔移到丰惠庙。21世纪初，又被移置到广德庵。

广德庵隐于集士港祝家桥村的人间烟火中，日夜流淌的中塘河水让广德庵更显清幽古朴。广德庵始建于宋朝。如今，两块宋徽宗御笔碑上的瘦金体依稀可见。

楼异将广德湖废湖为田，有人赞他"有德于民，有功于国"；有人怒斥："湖开莺脰匹东钱，谁把长陂决作田？却恨宣和楼太守，屡教西土失丰年！"

如今，只要提到广德湖，人们马上会想起楼异。废湖，功耶？过耶？

文旅界故人：回眸烟波浩渺的广德湖

如果鸟瞰城西，从横街镇、集士港到高桥镇，一条碧玉般的狭长水带，南通中塘河，北达西塘河。这，便是昔日烟波浩渺的广德湖的缩影，或者说是广德湖留在四明大地上的一丝痕迹。

眼下的广德湖，与其说是湖，不如说是河。不少人称广德湖为"湖泊河"，便源于广德湖被废湖为田、填湖成河。

广德湖面积有多大？最大的时候，比东钱湖大三倍，比西湖大九倍。曾巩《广德湖记》云："盖湖之大五十里。"《四明谈助》记载："广德湖也，自望春桥西南即是。其东，自东港口抵望春桥，西至西港口抵林村，南至南港口抵清店蒋山湖后，其北则自北港口出至高桥之南。"

如果说，源于横街桃源溪的广德湖是四明大地上的一条碧玉带，那么两岸沉淀下来的古桥、古寺则如珍珠。历史遗存和人文情怀，化为江南特有的文化符号。

集士港湖山村董家自然村有一座古桥，因桥孔多达十三孔，故名"十三洞桥"。经无数次洪水洗礼，十三洞桥巍然屹立。十三洞桥建于何年？何人所建？一直以来，人们认为十三洞桥建于清嘉庆年间，建造者为西岸董氏家族中的董澜。

董澜（1770—1842年），西汉大儒董仲舒的后人、东汉著名孝子董黯的后人、董氏十六世祖。清嘉庆年间，董澜乡试中举，后官授江西余干知县。

一年前，草长莺飞时节，十三洞桥附近，一块清光绪年间的《重修十三洞桥》石碑浮出水面。石碑已断为四段，拼起来内容清晰可见，其中一句话为"国朝顺治戊戌重修"字样，表明十三洞桥最晚在清顺治年间已有，那时董澜还没有出生。

在城西，素有"金山隔银山，洞桥十三眼。前后千亩畈，杨柳十八湾"之说，据传，这话最早是董澜在外地为官时用来介绍自己故乡的……

思古论今

传承千年文脉
高水平打造东钱湖宋韵文化圈[1]

宋韵文化是具有中国气派和浙江辨识度的重要文化标识，是中华优秀传统文化的重要组成部分。浙江省委提出实施"宋韵文化传世工程"，形成宋韵文化挖掘、保护、研究、提升、传承的工作体系，让千年宋韵在新时代"流动"起来、"传承"下去，形成展示"重要窗口"独特韵味、文化浙江建设成果的鲜明标识。

2022年，宁波市第十四次党代会报告提出，要精心打造东钱湖宋韵文化圈。鄞州区制定了《关于加强宋韵文化建设 打造东亚宋韵文化交流高地的实施意见》，计划以东钱湖为中心推动宋韵文化地标建设。

"始建于宋前而成于宋"的东钱湖，是宁波宋韵文化遗存的中心和重点，无愧为"明州宋风源流地"。当前，打造东钱湖宋韵文化圈，成为宁波文化事业发展的一件大事。

---

[1] 此文发表于《宁波通讯》2023年第11期，作者为宁波卫生职业技术学院崔雨、浙江工业大学崔一诺、宁波城市职业技术学院刘玲，系2021—2022年度浙江省文化和旅游厅科研与创作项目"地方性知识视域下'宋韵'文化教育传承研究"、2022年度鄞州区社会科学研究课题"打造'一廊四区四点十景'东钱湖宋韵文化圈的对策研究"研究成果。

东钱湖宋韵文化资源概况

东钱湖素有"宋韵之湖"的美誉，拥有丰富的宋韵文化资源，历史遗迹大多和南宋有关，传说故事几乎都与王安石、史浩等历史名人相关。东钱湖宋韵文化资源中，包含了禅宗文化、书院文化等在内的精神文化，金石文化、青瓷文化等在内的物质文化，市井文化、捕鱼文化等在内的行为文化，以及政治文化、家族文化等在内的制度文化。

目前，东钱湖正积极推进宋韵文化传承与发展，加快推进宋韵项目建设，谋划"宋韵钱湖生活季"等重要节庆活动，实施"钱湖宋韵文化提升工程"等六个专项提升工程，做好文化资源普查和转换工作，做深王安石治水、史氏家族等历史文化的挖掘包装与研发推广。比如，韩岭打造了首个宋韵文化沉浸式剧场，下水打造了宁波首个宋式美学体验馆官驿理想村，俞塘打造了首个宋韵耕织园。

宋韵文化传承发展在取得初步成效的同时，也存在着一定的困境，主要表现在以下几方面：一是理论研究深度不够，相关研究与杭州等地相比有一定的差距；二是整体推进力度不够，尚未形成在全省叫得响、在全国具有影响力的特色文化品牌；三是成果转化效度不够，转化活化缺少爆款文化产品。

明确东钱湖"一核四区多点"宋韵文化圈基本架构

完整的文化圈，由文化内核和文化外圈组成。其中，文化外圈不仅包括文化功能区，还包括若干个文化点。根据市第十四次党代会报告提出的精心打造东钱湖宋韵文化圈的部署，宁波将谋划建设一批宋韵文化地标性设施，构建东钱湖宋韵文化走廊，让千年宋韵在新时代"流动"起来。

根据东钱湖宋韵文化圈的内涵特点，结合实际，建议东钱湖宋韵文化圈可以概括为"一核四区多点"：一核为宋韵文化内核，即宋韵文化走廊；四区为宋韵文化外圈，即韩岭"体验宋韵"雅生活文化功能区、郭家峙"品味宋韵"智生活文化功能区、莫枝"感悟宋韵"简生活文化功能区、下水"乐享宋韵"闲生活文化功能区；多点为文化外圈周围若干个宋韵文化辐射点，即艺术家村宋式美学文化辐射点、二灵山宋式书院文化辐射点、殷湾宋式民俗文化辐射点、福泉山宋式茶道文化辐射点等。同时，建议以东钱湖为中心，整合海曙、江北、北仑、镇海等区域的宋韵文化，完善东吴、五乡、姜山、横溪、塘溪等多个宋韵特色节点空间格局，带动月湖、广德湖等宋韵文化圈建设，打造全省"宋韵文化传世工程"样板。

打造一个宋韵文化走廊。"满朝紫衣贵，尽是四明人"生动描述了宁波人在南宋时期的重要政治地位，南宋石刻等文化遗存潜藏着宁波丰富的宋式美学。东钱湖的宋韵文化主要体现在史氏家族、南宋石刻等。从陶公岛穿过湖心堤，到达南宋石刻公园，贯通东钱湖，形成一条天然文化走廊，沿途可体现宋宴、财智、画舫、湖泊、禅宗、史氏、石刻等主要宋韵载体。在宁波国际会议中心等创设彰显宋式美学的宋宴，在陶公岛扩展财智文化传承乐山乐水的哲学思想，在湖心堤沿线建造宋式画舫，整合天童寺、阿育王寺等周边禅宗文化资源，将王安石公园升级为露天式展示区，形成一条宋韵文化精品游线。

建好四个宋韵文化功能区。一是韩岭"体验宋韵"雅生活文化功能区。"清明上河图"弥漫着北宋时期都市面貌市井气息，曾为宁波与象山港之间重要水陆枢纽的韩岭展现着南宋时期江南生活图景。建设韩岭南宋风情街，打造"江南版清明上河图"；推出活字印刷、木雕绘画等宋韵体验活动，创新宋韵食谱推广等。二是郭家峙"品味宋韵"智生活文化功能区。依托郭家峙附近的我国历史上最早的书楼——隐学书院，在郭家峙周围湖畔建成环湖宋韵文化景观带；设立宁波宋代名人王安石、史浩、"庆历五先生"、"淳熙四君子"等雕像群，以及《三字经》《耕织图》等地标性雕塑。三是莫枝"感悟宋韵"简生活文化功能区。建于宋天禧元年的莫枝堰成为王安石治水的见证，莫枝不但有古堰、岳王庙，而且有古街、古桥、古祠堂、古塘河等。在陶公岛—谷子湖、王安石广场策划"岳王报国""梦回南宋"等演艺秀，反映王安石等名人为东钱湖做出的重要贡献。四是下水"乐享宋韵"闲生活文化功能区。挖掘秘境、绿野等周边历史人文内涵，推进下水官驿理想村建设，形成崇尚宋式建筑风格和家具风格的风尚。

抓好若干宋韵文化辐射点。一是宋式美学文化辐射点。在东钱湖艺术家村、沙孟海书学院开设宋画展览馆，举办宋式生活美学分享会等，打造宋韵文化交流平台。二是宋式书院文化辐射点。借助韩岭美术馆、华茂美术馆、宁波书画院等资源，散点布局各类书吧。在"钱湖十景"中现存最完整的二灵山房建"宋韵书房"，在秘境创设迷你型书房。三是宋式民俗文化辐射点。"殷湾渔火"成为展示东钱湖宋韵的独特名片，东钱湖冬捕成为沿岸渔家沿袭数百年的捕鱼传统。设立钱湖渔火节、钱湖冬捕节等，让人们感受渔家生活。四是宋式茶道文化辐射点。福泉山地处东钱湖东南，有"小九寨沟"等美称，盛产"东海龙舌"，可开展"福泉品茗"宋式茶道展示及品茗活动。

健全东钱湖宋韵文化挖掘保护工作体系

城市文化建设，不仅要重视城市"形态"和一流的文化设施，更要重视培育和传承文化精神。以习近平总书记提出的"建设成为文化型、生态型的旅游度假区"为指引，健全东钱湖宋韵文化挖掘保护、研究传承、提升活化等工作体系，把东钱湖建设成为具有"国际范、宋朝韵、江南味、时代感"、彰显宁波宋韵文化的独特金名片。

健全挖掘保护工作体系，加强统筹规划。立足文化、高于文化，对东钱湖宋韵文化进行系统梳理、精准定位及国际化传播。加快顶层规划设计，制订《东钱湖宋韵文化建设规划》，设立东钱湖宋韵文化旅游发展基金，深度谋划东钱湖如何实施"宋韵文化传世工程"，如何推进全面融入浙江宋韵文化走廊体系，努力推动东钱湖宋韵文化建设走在前列、形成示范。向兄弟城市学习，构建学术精品、智库报告有机联动的研究体系，打造宋韵文化精品力作。

健全研究传承工作体系，推进理论研究。坚持以韵动人、以文化人，推进理论研究，提升思想文化传播能力。加强东钱湖宋韵文化基础研究，深入阐释东钱湖宋韵文化的历史渊源、发展脉络与基本走向，深入研究东钱湖宋韵文化的精神内核、历史意义与时代价值。深挖王安石变法、南宋石刻文化等宋韵文化内涵，加强对史氏家族等具有宁波辨识度的宋韵文化名片研究。壮大高水平文化人才队伍，为东钱湖宋韵文化建设提供专业智力支撑。

健全提升活化工作体系，深挖文化内涵。推进宋韵文化活化，形成具有全国影响力、宁波辨识度的特色文化品牌。做好《三字经》等宋韵文化符号的挖掘包装与研发推广，形成"钱湖宋韵"文化普及性丛书等。打造以东钱湖为主的"三湖宋韵文旅带""浙东官塘河"等综合性文化旅游线路，形成极具辨识度的宁波文化符号和文化标识。策划东钱湖国际宋韵文化节、东钱湖国际宋韵文化旅游博览会，致力于打造东钱湖宋韵文旅融合发展平台、文旅精品推广平台、美好生活共享平台。

打造宁波"宋韵西塘"对策建议[1]

一、西塘河传承宋韵文化的重要意义

（一）宁波在传承宋韵文化中独具地位

宋代沉淀的宋韵文化，构筑着优雅的生活方式，体现着高雅的审美情趣，更彰显着文明的高度，是中华优秀传统文化的重要组成部分。在全国，宋韵文化看浙江——随着南宋的建立，浙江成为政治经济文化中心；在浙江，宋韵文化看杭州、宁波——随着宋室南渡，宁波成为繁华之地。当前，宁波拥有丰富的宋韵文化资源，保存着较多的宋韵文化印痕。

（二）西塘河在传承宋韵文化中不可缺席

塘河是城市的生命线，串起一座城市的过去、现在和未来。对"三江成网、六塘织造"的宁波来说，"三江六塘河，一湖居中央"是最鲜明的人文景观。六塘河是宁波最鲜活的文脉，最能体现宁波水乡风韵，承载着宁波人乡愁的记忆。宁波向东是通向大海的三江口，向西是连接浙东运河（宁波段）的六塘河之一——西塘河。西塘河沿线保存着较多的宋

---

[1] 此文发表于《宁波经济（三江论坛）》2022年第6期，作者为宁波卫生职业技术学院崔雨、宁波城市职业技术学院刘玲、浙江工业大学崔一诺。2022年10月获宁波市社会科学界联合会组织的宁波市社科界第九届学术大会重点项目"宋韵文化论坛"论文二等奖，系2021—2022年度浙江省文化和旅游厅科研与创作项目"地方性知识视域下'宋韵'文化教育传承研究"的研究成果。

代文化印痕，对传承宋韵文化意义重大。目前，宁波正在打造深具宁波特色的宋韵文化工程，打造"宋韵宁波"文化品牌，聚焦"东钱湖宋韵文化圈"，建设"三湖"宋韵文化，但对于西塘河传承宋韵文化方面的关注不够、研究不多。

二、西塘河传承宋韵文化的优势基础

（一）西塘河的区位优势

浙东运河（宁波段）位于中国大运河最南端，是中国大运河与"海上丝绸之路"的交汇点。西塘河是浙东运河（宁波段）从西往东到达宁波城的最后一段航程，也是当时最繁忙的一条水路通道，可谓宁波内陆"高速公路"，有"浙东官道""明州西门户""官塘河"等美称，有"明州通向京城和中原都会的要津""大运河连接世界大通道"等美誉。西塘河西端——大西坝是内河航道与外海相通的咽喉，是古代"海上丝绸之路"和中国大运河的连接节点。

（二）西塘河的文化沉淀

宋韵文化彰显着崇尚思想、精忠爱国、兴业安邦、繁荣艺术、安乐百姓、优雅生活等思想文化价值。西塘河宋韵文化资源丰富，不乏具有标识度的人物和遗存，在建筑史、军事史、交通史、民俗史、水利史等方面具有重要历史文化价值。比如，宋代抗金史上著名的"高桥大捷"就发生在西塘河上，老百姓齐心协力取得了南宋抗金史上的首场大胜，体现着深刻的家国情怀；西塘河曾建有望京桥、大卿桥、西成桥、望春桥、新桥、上升永济桥、高桥等，部分桥旁有庙宇、古庵，保存着桥梁、石刻、佛寺等物质文化载体。西塘河上依水而居的枕河人家，记录着宋代明州人的生活图景。

三、西塘河开发保护存在的主要短板

2019年，中共中央办公厅、国务院办公厅印发了《大运河文化保护传承利用规划纲要》，各地区各部门结合实际认真贯彻落实。2021年，宁波出台了《大运河（宁波段）文化保护传承利用实施规划》，启动了建设大运河（宁波段）国家文化公园工程。宁波先后出台的《宁波市塘河综合整治实施导则（试行）》《宁波市中心城区品质提升三年行动规划》，为开展塘河贯通综合整治行动提供了依据。目前，西塘河开发保护取得了一定的成效，但和习近平总书记要求的"保护好、传承好、利用好中华优秀传统文化"还有一定的差距；在打造深具宁波特色的宋韵文化工程大背景下还有潜力可挖；同时，存在遗产保护压力大、传承利用质量不高、生态空间挤占严重等短板。

（一）西塘河沿线文化古迹保护不够

近年来，宁波启动了一系列塘河综合整治工作，特别是在2017年，宁波出台了《宁波市塘河综合整治实施导则（试行）》，以水清、河畅、路通、景美、文盛为目标，打造宁波特色的"塘河三十六景"，取得了不错的效果。但需要关注的是，不少文化古迹和原生态生活图景依然在逐渐消失。西塘河曾有古色古香的望京桥、大卿桥、西成桥、望春桥、新桥、上升永济桥、高桥等，是城市文明的一道景观。近年来，由于过度开发，曾经美丽如画的西塘河被严重破坏，失去了原有的韵味：望京桥、大卿桥、西成桥相继消失，其他桥也存在不同程度的破损现象；部分文化古迹周边存在私搭乱建现象和不和谐的现代化建筑。西成桥在20世纪60年代被拆除，2004年内河施工时捞出西成桥构件两只镇水兽，2010年两只镇水兽一只丢失，一只无人问津。

（二）西塘河沿线文化挖掘不够

相对来说，宁波的"一湖""三江"知名度较高，而作为"城市生命线"的六条塘河则鲜为人知。六条塘河中，除南塘河开凿于唐代外，其他五条塘河均始建于宋代。西塘河源于高桥，在望春桥与中塘河汇合，成为中塘河的重要组成部分。西塘河承载着具有宁波特色的运河文化、水利文化等，沿线拥有较多历史文化建筑和丰富的非物质文化遗产，但当下缺乏深入研究，文化挖掘程度不够，历史记忆比较零落。西塘河新丰桥附近、芦港附近的西塘河公园、塘河公园，历史文化韵味不够，河畔经过岁月打磨的石头等元素消失，取而代之的是人造石头等元素。另外,对西塘河、中塘河的宣传力度不够,宣传文字表述较混乱,高桥老街上的介绍文字中甚至称西塘河为后塘河;公开材料中,望春桥到西门口这一段塘河,有的材料称之为"西塘河",有的则称之为"中塘河"。

(三)西塘河沿线文化古迹利用不够

西塘河被定位为"古韵之河",沿线文化古迹成为传承宋韵文化的重要载体。目前,西塘河沿线文化古迹的开发利用不够,一些已开发的项目与历史文化之间缺乏必要的联系,两岸风貌缺乏地域特色,景观缺少特色和亮点,文化主题不够鲜明,旅游资源开发力度不够,休闲旅游体验难觅精品。"高桥大捷"后,宋高宗降旨建庙立祠,纪念阵亡将士。当地以高桥宁德观为中心,成立"高桥会",每年农历三月初举行,经宋、元、明、清、民国,规模盛大,名震浙东。但如今高桥等文化古迹却处于闲置状态,西塘河相关文化古迹只有新丰桥附近、芦港附近的西塘河公园、塘河公园等景观,且仅为点状,没有连成线。

四、做好三篇文章:打造宁波"宋韵西塘"的对策建议

作为世界上距离最长、规模最大的运河,中国大运河是我国古代一项伟大的工程,被誉为"一部书写在华夏大地上的宏伟诗篇"。习近平总书记曾强调要保护好、传承好、利用好中华优秀传统文化,挖掘其丰富内涵,以利于更好坚定文化自信、凝聚民族精神。打造宁波"宋韵西塘",要贯彻落实习近平总书记的重要讲话精神,做好"保护好、传承好、利用好"三篇文章,在机制上从单一性到整体性,在场域上从碎片化到整体化,在载体上从自然式到人工式。

(一)健全机制完善制度强化责任,加大文化古迹保护力

(1)健全文化古迹保护机制。根据宁波出台的《大运河(宁波段)文化保护传承利用实施规划》,谋划建设大西坝等三个考古遗址公园,建议加快建设进度;建议把文化古迹保护作为公共文化和产业项目,纳入财政预算给予专项补助;建议适当调整建设单位保护地下文物的成本开支,由政府承担地下文物考古调查等所需经费;建议加强人力、技术力

量支持，强化对文物的发掘、考证、定性、评审、申报和维修养护等保管工作。

（2）完善文化古迹保护制度。建议完善文化古迹保护制度，明确文化古迹对城市发展的重要性；建议对市民加强文化古迹教育，促进全体市民行动起来，保护自己居住城市的文化古迹；建议加强文化古迹的普查工作，建立档案，摸清家底。

（3）强化文化古迹保护责任。文化古迹具有不可复制、无法再生、不能替代等特点，建议西塘河沿线村镇承担起文化古迹保护的主体责任；建议对文化古迹进行挂牌保护，营造人人保护文化古迹的氛围；建议严厉惩处破坏文化古迹的行为，让人们对文化古迹怀有敬畏之心；打通宋韵文化认知时空壁垒，让宋韵文化为人熟知；建议改善西塘河现有文化古迹周边硬件环境，恢复历史原貌，在大卿桥、西成桥原址设立模型，并附以文字介绍。

（二）丰富内涵联动打造立体构建，提升文化古迹传承力

（1）丰富文化古迹多元内涵。西塘河的流动性和开放性，使建筑文化、民俗文化等各种文化相互吸收、融合、涵化，逐步形成具有连续性和一致性的新文化。建议加快文化古迹的研究和发掘，进一步丰富西塘河文化内涵，充分展现承载的文化、活化流淌的文化、弘扬凝练的文化，深入理解西塘河文化的内涵和外延，突出西塘河的历史脉络和当代价值。

（2）打造"一河三湖"宋韵文化。西塘河整体风貌特征古朴、精细、雅致、怀旧，建议把打造"宋韵塘河"与传承"三湖"宋韵文化融合进来，加强全域联动整体建设，形成"一河三湖"独具标识的宋韵文化，为宁波"江河湖海"宋韵文化打下坚实的基础。

（3）立体构建西塘河"三带"。建议延伸新丰桥附近西塘河公园景观，用西塘河串联起沿线文化古迹构成文化带；延伸芦港附近塘河公园景观，将西塘河沿线打造成水清、岸绿的生态带；打通从西门口到大西坝之间的步行、骑行通道，点缀历史文化景观，打造景观带，以此推动文化、生态、旅游"三位一体"，既实现提质增效、转型升级，又可以加深老百姓对历史文化景观的认知，充分发挥塘河文化的别样魅力。"亲水"是人的本性，建议打造沿河坡道、临水栈桥、观景平台、水中绿岛

等柔性亲水空间，使水岸景观凸显深厚人文底蕴，实现"见河更近河、近水更亲水"。

(三) 开辟线路盘活资源建设街区，丰富文化古迹利用力

(1) 开辟两条特色线路。一条为"坐着轻轨游西塘"研学线路。目前，轻轨一号线沿线有高桥站、芦港站、梁祝站、望春桥站、泽民站、大卿桥站、西门口站，分别对应着高桥、新桥、上升永济桥、望春桥、西成桥、大卿桥、望京桥等，建议开辟此线路，将其作为爱国主义教育基地、学生社会实践基地，让青少年在西塘河上感受宋韵文化，进行爱国主义、中华优秀传统文化教育。另一条是"古韵西塘水上巴士"线路。目前，杭州等城市有水上巴士，费用和公交相当。建议开辟此线路，连接西塘河、大西坝河、梁祝文化公园、姚江畔景观，让市民收获"船在城中走，人在景中游""悠悠河埠头，此处最乡愁"的独特体验。

(2) 盘活资源"活化"利用。建议通过"再造解法"以求资源效应，对西塘河宋韵文化进行活化利用；建议通过营造一系列亲水宜人的口袋公园，使"河、城、人"三者和谐共融，让西塘河回归品质生活的中心舞台，重现"秀水潆洄、风光宜人"的风韵，成为市民享受慢生活的网红打卡地；建议从建设文化强市的角度去发掘宋韵文化基因传承的时代价值，结合共同富裕、乡村振兴等重点工作，把文化古迹建设成为融现代文明与传统文明为一体的活动中心。

(3) 建设历史文化街区。宋韵的重点在于"韵"，传播转化时，当侧重在精神气质、生活美学层面的传承，让宋韵与当下生活相结合。建议打造高桥历史文化街区，建设一批具有宁波特色的传统美食馆，馆内配以点茶、焚香、插花、挂画"四艺"体验，还可举办情景剧演出等，打造"宁波版清明上河图"，形成独具宁波地方特色的宋韵文化招牌，让塘河成为宁波最鲜明的人文地理景观。

打开地图品宋韵
——宁波宋韵文化面面观[1]

时间：2023 年 7 月 12 日　　地点：宁波北仑

一、晒晒我们美丽的家乡

二、看看我们生活的城市

1. 姓名

2. 年级

3. 地址

4. 语言

5. 人生经历

6. 主要荣誉

7. 母亲河

8. 兴趣特长

三、宋韵是什么

1. 为"韵"找伙伴

2. 什么是"韵"

3. 什么是"宋韵"

四、我当小老师，告诉爸爸妈妈宁波有这么多宋韵

1. 南宋石刻

2. 桃源书院

3. 越窑青瓷

4. 水则石碑

5. 岳鄂王庙

---

[1] 此文系宁波市教育局主办的宁波文化百科大讲堂第 1341 期报告提纲。

6. 一城十门

7. 高桥老街

8. 铜壶刻漏

9. 保国古寺

10.《三字经》

五、趣味碰碰车

对宋韵知识进行回顾，抢答奖励《宋韵文化手绘地图》。

六、比比谁像李白

参赛成员分四组，每组将以下体现宁波宋韵文化的诗歌拼成完整的诗句，拼诗最快、最完整的一组可以获得奖励，授予"李白"团队名称。

水光潋滟晴方好，
山色空蒙雨亦奇。
欲把西湖比西子，
淡妆浓抹总相宜。

江南好，
风景旧曾谙。
日出江花红胜火，
春来江水绿如蓝。
能不忆江南？

秦时明月汉时关，
万里长征人未还。
但使龙城飞将在，
不教胡马度阴山。

茅檐低小，
溪上青青草。
醉里吴音相媚好，
白发谁家翁媪？

大儿锄豆溪东，
中儿正织鸡笼。
最喜小儿亡赖，
溪头卧剥莲蓬。

朦胧古殿傍林边，
月下遥看淡锁烟。
山寺从来无玉漏，
钟声隐隐出平阡。

九秋风露越窑开，
夺得千峰翠色来。
好向中宵盛沆瀣，
共嵇中散斗遗杯。

十字港通霞屿寺，
二灵山到月波楼。
于今幸遂归湖愿，
长忆当年贺监游。

明州城郭画中传，
尚记西亭一舣船。
投老心情非复昔，
当时山水故依然。

三　字　经[1]

王应麟

人之初，性本善，性相近，习相远。苟不教，性乃迁，教之道，贵以专。昔孟母，择邻处，子不学，断机杼。窦燕山，有义方，教五子，名俱扬。养不教，父之过，教不严，师之惰。子不学，非所宜，幼不学，老何为？玉不琢，不成器，人不学，不知义。为人子，方少时。亲师友，习礼仪。香九龄，能温席，孝于亲，所当执。融四岁，能让梨，弟于长，宜先知。首孝弟，次见闻，知某数，识某文。一而十，十而百。百而千，千而万。三才者，天地人，三光者，日月星。三纲者：君臣义，父子亲，夫妇顺。曰春夏，曰秋冬，此四时，运不穷。曰南北，曰西东，此四方，应乎中。曰水火，木金土，此五行，本乎数。曰仁义，礼智信，此五常，不容紊。稻粱菽，麦黍稷，此六谷，人所食。马牛羊，鸡犬豕，此六畜，人所饲。曰喜怒，曰哀惧，爱恶欲，七情具。匏土革，木石金，丝与竹，乃八音。高曾祖，父而身，身而子，子而孙，自子孙，至玄曾，乃九族，人之伦。父子恩，夫妇从，兄则友，弟则恭，长幼序，友与朋，君则敬，臣则忠，此十义，人所同。凡训蒙，须讲究，详训诂，明句读。为学者，必有初，小学终，至四书。《论语》者，二十篇，群弟子，记善言。《孟

---

[1] 《三字经》为南宋王应麟所编著，后历代有增补。本文选自李逸安、张立敏译注：《三字经·百家姓·千字文·弟子规·千家诗》，中华书局，2011年版。

子》者，七篇止，讲道德，说仁义。作《中庸》，子思笔，中不偏，庸不易。作《大学》，学之程，乃曾子，自修齐，至平治。《孝经》通，四书熟，如六经，始可读。《诗》《书》《易》，《礼》《春秋》，号六经，当讲求。有《连山》，有《归藏》，有周易，三易详。有典谟，有训诰。有誓命，《书》之奥。我周公，作《周礼》，著六官，存治体。大小戴，注《礼记》，述圣言，礼乐备。曰《国风》，曰《雅》《颂》，号四诗，当讽咏。《诗》既亡，《春秋》作，寓褒贬，别善恶。三传者，有公羊，有《左氏》，有《谷梁》。经既明，方读子，撮其要，记其事。五子者，有荀扬。文中子，及老庄。经子通，读诸史，考世系，知始终。自羲农，至黄帝，号三皇，居上世。唐有虞，号二帝，相揖逊，称盛世。夏有禹，商有汤，周武王，称三王。夏传子，家天下，四百载，迁夏社。汤伐夏，国号商，六百载，至纣亡。周武王，始诛纣，八百载，最长久。周辙东，王纲坠，逞干戈，尚游说。始春秋，终战国，五霸强，七雄出。嬴秦氏，始兼并，传二世，楚汉争。高祖兴，汉业建，至孝平，王莽篡。光武兴，为东汉，四百年，终于献。魏蜀吴，争汉鼎，号三国，迄两晋。宋齐继，梁陈承，为南朝，都金陵。北元魏，分东西，宇文周，与高齐。迨至隋，一土宇，不再传，失统绪。唐高祖，起义师，除隋乱，创国基。二十传，三百载，梁灭之，国乃改。梁唐晋，及汉周，称五代，皆有由。炎宋兴，受周禅。十八传，南北混。辽与金，帝号纷，迨灭辽，宋犹存。至元兴，金绪歇，有宋世，一同灭。并中国，兼戎狄，九十年，国祚废。明太祖，久亲师，传建文，方四祀。迁北京，永乐嗣，迨崇祯，煤山逝。清太祖，膺景命，靖四方，克大定。至世祖，乃大同，十二世，清祚终。读史者，考实录，通古今，若亲目。口而诵，心而惟，朝于斯，夕于斯。昔仲尼，师项橐，古圣贤，尚勤学。赵中令，读《鲁论》，彼既仕，学且勤。披蒲编，削竹简，彼无书，且知勉。头悬梁，锥刺股，彼不教，自勤苦。如囊萤，如映雪，家虽贫，学不辍。如负薪，如挂角，身虽劳，犹苦卓。苏老泉，二十七，始发愤，读书籍。彼既老，犹悔迟，尔小生，宜早思。若梁灏，八十二，对大廷，魁多士。彼既成，众称异，尔小生，宜立志。莹八岁，能咏诗，泌七岁，能赋棋。彼颖悟，人称奇。尔幼学，当效之。蔡文姬，能辩琴，谢道韫，能咏吟。彼女子，且聪敏，尔男子，当自警。唐刘晏，方七岁，举神童，作正字。彼虽幼，身已仕，尔幼学，勉而致。

有为者，亦若是。犬守夜，鸡司晨，苟不学，曷为人？蚕吐丝，蜂酿蜜，人不学，不如物。幼而学，壮而行，上致君，下泽民。扬名声，显父母。光于前，裕于后。人遗子，金满籯。我教子，惟一经。勤有功，戏无益，戒之哉，宜勉力。

神 童 诗

汪 洙

天子重英豪，文章教尔曹。
万般皆下品，惟有读书高。
少小须勤学，文章可立身。
满朝朱紫贵，尽是读书人。
学问勤中得，萤窗万卷书。
三冬今足用，谁笑腹空虚。
自小多才学，平生志气高。
别人怀宝剑，我有笔如刀。
朝为田舍郎，暮登天子堂。
将相本无种，男儿当自强。
学乃身之宝，儒为席上珍。
君看为宰相，必用读书人。
莫道儒冠误，诗书不负人。
达而相天下，穷则善其身。
遗子满赢金，何如教一经。
姓名书锦轴，朱紫佐朝廷。
古有千文义，须知学后通。
圣贤俱间出，以此发蒙童。
神童衫子短，袖大惹春风。
未去朝天子，先来谒相公。
年纪虽然小，文章日渐多。
待看十五六，一举便登科。
大比因时举，乡书以类升。

名题仙桂籍，天府快先登。
喜中青钱选，才高压俊英。
萤窗新脱迹，雁塔早题名。
年小初登第，皇都得意回。
禹门三级浪，平地一声雷。
一举登科日，双亲未老时。
锦衣归故里，端的是男儿。
玉殿传金榜，君恩赐状头。
英雄三百辈，附我步瀛洲。
慷慨丈夫志，生当忠孝门。
为官须作相，及第必争先。
宫殿召绕笔，街衢竞物华。
风云今际会，千古帝王家。
日月光天德，山河壮帝居。
太平无以报，愿上万年书。
久旱逢甘雨，他乡遇故知。
洞房花烛夜，金榜题名时。
土脉阳和动，韶华满眼新。
一支梅破腊，万象渐回春。
柳色浸衣绿，桃花映酒红。
长安游冶子，日日醉春风。
淑景余三月，莺花已半稀。
浴沂谁氏子，三叹咏而归。
数点雨余雨，一番寒食寒。
杜鹃花发处，血泪染成丹。
春到清明好，晴天锦绣纹。
年年当此节，底事雨纷纷。
风阁黄昏夜，开轩内晚凉。
月华在户白，何处递荷香？
一雨初收霁，金风特送凉。
书窗应自爽，灯火夜偏长。

庭下陈瓜果，云端闻彩车。
争如郝隆子，只晒腹中书。
九日龙山饮，黄花笑逐臣。
醉看风落帽，舞爱月留人。
昨日登高罢，今朝再举觞。
菊花何太苦，遭此两重阳。
北帝方行令，天晴爱日和。
农工新筑土，天庆纳嘉禾。
檐外三竿日，新添一线长。
登台观气象，云物喜呈祥。
冬天更筹尽，春附斗柄回。
寒暄一夜隔，客鬓两年催。
解落三秋叶，能开二月花。
过江千尺浪，入竹万竿斜。
人在艳阳中，桃花映面红。
年年二三月，底事笑春风。
院落沉沉晓，花开白雪香。
一枝轻带雨，泪湿贵妃妆。
枝缀霜葩白，无言笑晓风。
清芳谁是侣，色间小桃红。
倾国姿容别，多开富贵家。
临轩一赏后，轻薄万千花。
墙角一枝梅，凌寒独自开。
遥知不是雪，为有暗香来。
柯干如金石，心坚耐岁寒。
平生谁结友，宜共竹松看。
居可无君子，交情耐岁寒。
春风频动处，日日报平安。
春水满泗泽，夏云多奇峰。
秋月扬明辉，冬岭秀孤松。
诗酒琴棋客，风花雪月天。

有名闲富贵，无事散神仙。
道院迎仙客，书道隐相儒。
庭栽栖凤竹，池养化龙鱼。
春游芳草地，夏赏绿荷池。
秋饮黄花酒，冬吟白雪诗。

宁波月湖铭[1]

魏明伦

海定波宁之港，鹰飞鱼跃之时。喧喧闹市之间，叠叠高楼之下。芳园留翠，保存静静一湖；曲径通幽，形若弯弯半月。何处无湖？何夜无月？湖有特色，月亦多姿。此湖蝉联天一阁，得"天"独厚；此月烘托高丽馆，附"丽"交辉。聚传统神韵于堂奥，兼现实风情于咫尺。周围时尚时髦，正中古色古香。街心净土，市内桃源。湖外车如流水，新新人类随潮去；湖里水如明镜，代代英豪照影来。

狂客隐居，贺知章乡情切切；学士游湖，司马光诗兴浓浓。荆公执教，王安石书声琅琅；奇才修志，全祖望史笔悠悠。唐凿两湖，宋设十洲，明增一阁，清仰三贤。碧让文风盛，柳汀墨气灵。人间典籍储湖畔，天帝琅嬛降范家。有书促有德，皆有为之士；无知夸无畏，乃无耻之尤！早传古语，吴越非藏污纳垢之地；再续新词，宁波是育才兴学之乡。千帆万舶，大港船通四海；八索九丘，甬人学富五车。阳明哲理，攻破心中之贼；宗羲宏论，剖析君王之害。婉约抒情，吴梦窗粉烟蓝雾；激昂报国，张孝祥铁马金戈。奉化生林通，落户孤山，胸怀梅鹤；鄞县隐高明，扎根菊圃，泪洒琵琶。一品忠贞，方孝孺血流北阙；满腔壮烈，张苍水魂系南明。逢早春而悼柔石，望红桃而祭殷夫。江山如画，潘天寿画登泰斗；雁行如字，沙孟海字舞龙蛇。人生如戏，周信芳戏传麒派；奋进如船，包玉刚船夺王冠。汇商界巨头，联社团俊彦。中科院士多甬籍，沪人祖辈半宁波。漫步月湖，极目天涯。有海水处必有华裔，有华裔处必有同乡，有同乡处必有人才，有人才处必有勋业。安

---

[1] 此文发表于2004年3月16日《文摘周刊·文化》。作者魏明伦系当代著名剧作家、辞赋作家。

得风云会，凝聚宁波帮。重返月湖，共煮青梅。忆唐宋衣冠之盛，议当今鹏翼之飞。

月湖一千二百岁矣！饱经忧患，见证兴亡。观君子化猿鹤，看小人化沙虫。城头换帜，碧波不改长青色；弄臣变脸，书楼不折栋梁腰。帝制皇权俱灭，月湖活水长流。远迎宾客，近纳乡亲。众乐亭遗址可寻，独乐不如众乐；芳草洲茂林犹在，孤芳怎及群芳。四面无墙，游客自由来往；八方坦路，公民平等消闲。专家到此，回顾前朝师表；公仆临湖，遥瞻古代清官。佳节招商，服装集锦。云想霓裳影，玉想水晶心。忧物欲横流，盼世风日上。对景写生，鲜花与人面映红；登高祝愿，服饰共心灵媲美。今日游人，追思先辈贤人；后代游人，再思今日贤人也！

参考文献

[1] 陈振. 宋史 [M]. 上海：上海人民出版社，2020.

[2] 包伟民，吴铮强. 宋朝简史 [M]. 杭州：浙江人民出版社，2020.

[3] 张伟. 宁波通史·两宋卷 [M]. 宁波：宁波出版社，2009.

[4] 杨渭生，等. 两宋文化史 [M]. 杭州：浙江大学出版社，2008.

[5] 张如安. 南宋宁波文化史（上下）[M]. 杭州：浙江大学出版社，2013.

[6] 陈野等. 宋韵文化简读 [M]. 杭州：浙江人民出版社，2022.

[7] [美] 刘子健. 中国转向内在：两宋之际的文化转向 [M]. 赵冬梅，译. 南京：江苏人民出版社，2012.

[8] 邓小南，杨立华，王连起，等. 宋：风雅美学的十个侧面 [M]. 北京：生活·读书·新知三联书店，2021.

[9] 何俊南. 宋儒学建构 [M]. 上海：上海人民出版社，2004.

[10] 王瑞明. 宋儒风采 [M]. 长沙：岳麓书社，1997.

[11] 徐吉军. 宋代衣食住行 [M]. 北京：中华书局，2018.

[12] 吴钩. 生活在宋朝 [M]. 武汉：长江文艺出版社，2015.

[13] 徐飚. 两宋物质文化引论 [M]. 南京：江苏美术出版社，2007.

［14］管成学．南宋科技史［M］．北京：人民出版社，2009．

［15］吕变庭．南宋科技思想史研究［M］．北京：人民出版社，2010．

［16］乐承耀．宁波古代史纲［M］．宁波：宁波出版社，1995．

［17］孙武军，等．走读宁波［M］．宁波：宁波出版社，2021．

［18］胡茂伟．桃源书院［M］．宁波：宁波出版社，2018．

［19］郑黎明．智者长乐［M］．福州：福建美术出版社，2015．

［20］涂师平．从海上丝绸之路文物看世界多元文化融合［J］．收藏家，2012（10）：37-41．

［21］"海上丝绸之路"的由来［J］．宁波经济（财经视点），2014（10）：29．

［22］一知．穿越历史 永丰库遗址公园［J］．宁波通讯，2012（2）：56-57．

［23］潘远璐．古代书院对现代图书馆的启示［J］．学理论，2012（10）：144-145．

［24］陈野．试论宋韵文化的认识维度、精神实质和当代价值［J］．浙江学刊，2022（1）：4-13．

［25］张蓝水．手工农户的天然协作机制——从"康熙耕织图"之耕图看古代稻农生产活动［J］．农业技术与装备，2015（1）：4-6．

［26］陈野．试论宋韵文化的认识维度、精神实质和当代价值［J］．浙江学刊，2022（1）：4-13．

［27］崔雨，等．打造宁波"宋韵西塘"对策建议［J］．宁波经济（三江论坛），2022（6）：22-24．

［28］张浩．中国城市化建设必须思考的建筑美学——以浙江为例的考察（节选）［J］．新美术，2011，32（2）：81-88．

［29］何岩，王玥．宁波保国寺古建筑虚拟现实表现的应用——建筑动画表现［J］．美与时代（城市版），2016（4）：16-17．

［30］钱明．柳川义深，舜水情长——日本柳川市使节团探访朱舜水遗踪侧记［J］．浙江学刊，1995（1）：116-117．

[31] 冯秀莲. 程朱理学中的美学思想对宋代建筑形式的影响[J]. 美与时代（上），2013（7）：101-102.

[32] 蔡天新. 妈祖信仰的形成与莆商在妈祖文化传播中的重要作用[J]. 闽商文化研究，2014（1）：22-29.

[33] 孙晓. 妈祖学与《妈祖藏》[J]. 中国史研究动态，2015（3）：63-65.

[34] 王国安. 古城镇文化遗产保护与现代城市功能融合研究——基于浙江慈城的实践[J]. 中共宁波市委党校学报，2011（1）.

[35] 徐敏，等. 谈宋文化的导游讲解艺术[J]. 太原城市职业技术学院学报，2011（5）：187-188.

[36] 庞桧存. 宋代新兴士人家族研究——以楼钥家族为例[J]. 保定学院学报，2012，25（2）：38-42.

[37] 陈海霞. 历时10个月研究和复制技术攻关 百幅南宋《五百罗汉图》再现宁波[N]. 宁波日报，2016-07-25（4）.

[38] 罗鹏. 宁波东钱湖上水岙窑址发掘取得重要成果——为越窑青瓷生产中心之一的东钱湖窑场提供珍贵研究资料[N]. 中国文物报，2017-06-30（8）.

这些话，和你说声再见

"西湖风光，太湖气魄。"

这话是郭沫若说的，这话是郭沫若说给宁波东钱湖的。

仿佛和东钱湖有缘，我的第一本散文随笔《江南风好》，便是在东钱湖工作期间出版的，而眼前这本《宁波宋韵文化史话》和东钱湖的关系则更加密切。

那是两年前的初秋时节，我收到《宁波日报》通知，受邀参加笔会，主题为"钱湖·宋韵"。那是我第一次听到"宋韵"两个字。此前，听到过唐诗、宋词，也听到过风韵、韵味，唯独没有听到过"宋韵"。

何为宋韵？互联网很快给了我答案。笔会需要交作业，即完成一篇与宋韵有关的文章，择优参加笔会。正担心能不能高质量地完成文章时，从未谋过面却多年来一直刊发本人拙作的编辑顾炜老师说，特邀作者不受此限制。我却想，既然参加，肯定交作业，且尽力写好。

何处有宋韵？我把目光聚焦在东钱湖。2021年11月中旬，一天上班路上，我与《鄞州日报》副刊编辑包丹虹老师说起，想写一篇有关东钱湖宋韵的文章，大约五千字，且发去了提纲：家国情怀（四明史氏）、生活图景（殷湾渔火）、岁月记忆（南宋石刻）、书卷味道（钱湖书楼）、山水风物（钱湖十景）。不料，分分秒秒，包老师复来短信，鼓励说提纲很不错，副刊准备用一个版面刊发。

这样的鼓励让我受宠若惊——一个版面，更重要的是文章还没有写。诚如冯骥才先生所写道："信赖，往往创造出美好的境界。"冲着这份信任，我想，不但要快速完成，而且要尽心尽力完成。

数天后，我完成初稿，周末约上爱人一起去东钱湖，在莫枝、殷湾渔村采风。随后，在城东中塘河畔请包老师初看稿件。包老师说，要适合副刊的品位、文艺些。

我推倒重来，用了整整一天，再次完成了六千字左右的稿件。稿件发给包老师时是傍晚，且为周末，正在做饭的包老师，马上从厨房腾挪到书房，打开电脑开始改稿。

两天后，2021年11月23日，《鄞州日报》用了整整一版刊出拙作，并配上了专业摄影师戴善祥老师拍摄的东钱湖照片。巧的是，《鄞州日报》副刊的名称正是《钱湖风雅》。

关于这篇文章的名字，开始叫《钱湖宋韵知多少》，发出时改为《在钱湖，遇见一抹宋韵》，上版时又改为《钱湖宋韵印记》。看到清样时，我忽然想到，名字叫《在钱湖，遇见宋韵》会更完美。

感谢包老师，感谢《鄞州日报》，最终定稿时名字修改为《在钱湖，遇见宋韵》。实践证明，这个名字真不错——数天后，"宁波发布"发出推文《在宁波，遇见宋韵》，且注明部分素材源于《鄞州日报》的新媒体平台"鄞响"（"鄞响"和《鄞州日报》同步原文发出）。

由于种种原因，笔会一直推迟到12月初，地点在东钱湖。《宁波日报》副刊部主任汤丹文老师在主持笔会交流时，让我第一个发言。大家说，《在钱湖，遇见宋韵》把东钱湖的宋韵都囊括了，别人无法写了。其实，参加笔会的都是高手，随后大家都拿出了非常高质量的文章。

由于这篇文章，我开始关注起了宋韵，且预感到宋韵文化会是近年浙江范围内研究的热点，并留意起有关宋韵文化的信息和资料。其间，看到了一直鼓励我的城院朋友刘玲教授的一部省社科联科普读物著作，便想到或许可以编一本有关宁波宋韵文化的科普读物。刘教授很是支持，给予了我鼓励和帮助。

随后到了寒假，因不方便外出，我便居家多方收集材料，并为拙作先后取名《宁波宋韵文化知多少》《宁波宋韵文化读本》《在宁波，遇见宋韵》《明州遥寄宋时声》等。

其间，我申报了省社科联科普相关课题、市社科院相关课题、鄞州区社科联相关课题等，均有幸立项。

关于书名，我也请教了一些好友的意见。好友汪文萍教授建议书名风格可倾向于严谨考究的学术著作类型。朋友朱友君则给出了书名的建议——《宁波宋韵文化民俗研究》。我仔细琢磨后，最终修改为《宁波宋韵文化史话》。

出书不容易，特别是学术书籍，或与学术沾边的书。

没有朋友就没有一切，当然包括这本书的顺利出版。

我想到了与我亦师亦友的青年才俊黄文杰兄，他是宁波文化界年轻的资深专家，且有"三高"——个子高、才华高、颜值高。在一次参加宁波文化研究会活动的车上，我当面请教黄兄，讲到激动处，我们竟手舞足蹈起来，引得全车人侧目，我们便约好下车后续谈。当天晚上，黄兄就从整体架构、文字表述、范围界定等方方面面为这本书提出了真知灼见。

斯玉梅老师，我一直称为庄妈，是女儿同学的妈妈，在天一阁工作。斯老师非宁波人，却十分热爱宁波，更是宁波文化研究方面的专家。请斯老师帮忙指导，她用了半个月，把有关月湖的部分看完，并提出了宝贵的意见。斯老师的才情从一次朋友们参观月湖画展后留下的文字可见一斑：

《湖上》

正月十二　云破霁清
与友相聚　月湖之滨
杨宅妙笔　翰墨丹青
金蕊促膝　咖啡香茗
崔友夫妇　相敬如宾
佳人才子　琴瑟和鸣
水榭吟风　烟波澄静
菊花洲上　谈诗论境
湖上千载　孕兹群英

庆历淳熙　大儒迭兴
修身齐家　事君治民
何谓宋韵　文化之精
寄语二子　一诺蕊宁
格物致知　学问需勤
朝而受业　夕而温故
深思熟考　无愧儒名
君子立世　中正光明
至诚至简　大道之行

我一直称为邹公子的上海大学博士邹赜韬，更是在繁忙的研究之余，帮我联系出版事宜。

朋友朱友君不但赐了书名，而且将他一篇刚刚出炉、很有温度的大作《漫步在宋韵宁波的流光溢彩里》相赠，作为本书的序，堪称画龙点睛之笔。出版是大事，吉林的邵老师虽与我从未谋面，但给予了我很多指导和帮助，出版人的敬业精神令人感激不尽。来自西北的温总关键时刻助我一臂之力，帮忙联系出版社，对温总的感激更是无以言表。

大哥和大嫂（我一直称为姐），放弃了原本的休息时间，帮我多次校对书稿，甚至指出了已发表过的论文中的差错，十分感谢！

爱人虹女多次帮忙校对文字，小女一诺更是不厌其烦地帮我修改差错，还有常常让我非常尴尬的错别字。

再回到这本书中。

宋代不但经济相对发达、生活相对富裕，而且文化相对繁荣、科学相对昌盛。北京大学邓小南教授曾如此评说宋代："宋代不是中国历史上国势最为强盛的时期，却是文明发展的昌盛时期。"

南宋时期，明州地近京畿。浙江大学龚延明教授认为："宁波成为今日的历史文化名城，与宋朝特别是南宋以来鄞县成为科举大县有着密切关系。宁波的世家大族无不以儒学起家，以进士光大门户。"

宁波拥有丰富的宋韵文化资源，保存着较多南宋时期的文化痕迹。宁波"三湖"（慈湖、月湖、东钱湖）畔，集中保留着大部分宋韵遗存，如名人文化、书院文化、青瓷文化、海丝文化……

《宁波宋韵文化史话》精心选取宋代三百多年明州土地上的历史故事,尽可能地还原宋人的生活场景,让读者通过一本有关明州宋韵文化的书,深情回望宋代烟云。

宋韵文化为我们当下延伸出了广阔的探寻和研究空间。宋韵的重点在于"韵",当侧重于对有宋代精神气质、生活美学的传承,让宋韵与当下生活相结合。以通俗易懂的故事,让读者触摸、感知宁波的宋韵文化,将宁波宋韵文化的厚度和广度转为可知可感的温度和风度,正是我创作《宁波宋韵文化史话》的初衷。

《宁波宋韵文化史话》遵循本土性、史料性、可读性原则,集知识性、文学性、趣味性于一体,以文献史料、实物资料、口述材料等为基础,以文化遗址、历史事件、重要人物、特色文化等为重点,采用田野调查等方法,通过走访、调研、考证与解读,尽可能地使文字富有活力。

在本书的编写过程中,参考了周时奋、张如安、黄文杰、周东旭、光正、王国宝、鲍贤昌、戴骅、郑纯方等诸多专家学者的部分文献资料,在此一并致谢。

《宁波宋韵文化史话》从2021年10月酝酿创作,到2023年10月与读者见面,前后三载,整整两年。

最后的最后,和您掏句心窝子话:我天生笨拙,加之水平有限,虽多次核对,但差错难免,恳请各位读者特别是方家批评指正。

崔 雨

2023年10月记于浙江宁波